HERMANN GRAB

DER STADTPARK

Roman

Verlag Neue Kritik

Der Text folgt der Originalausgabe von 1935 und wurde nur geringfügig in Kommata und Rechtschreibung verändert.

Die Deutsche Bibliothek - CIP-Einheitsaufnahme

Grab, Hermann:

Der Stadtpark : Roman / Hermann Grab. – Frankfurt am Main :
Verl. Neue Kritik, 1996
ISBN 3-8015-0299-6

Umschlag Helmut Schade
Druck Druckerei Dan Ljubljana Slowenien
ISBN 3-8015-0299-6

Der Stadtpark

I

Wenn sie vom Essen aufgestanden waren, dann ging Renato immer noch für eine Weile in sein Zimmer. An den Tagen der Fechtstunde hatte er allerdings schon gesagt, er gehe fort. Aber Miß Florence bemerkte auch vom Nebenzimmer aus, daß er noch da war. »Vorwärts«, rief sie, »warum trödelst du wieder?« »Ja, ich gehe schon«, sagte Renato und blieb dann noch ein wenig sitzen.

Auch im Herbst kam es vor, daß ein Stück vom Sonnenlicht sich durch die Fensterscheiben legte. Es kam bis an den Waschtisch und ließ die Wasserhähne etwas stärker glänzen. Die spiegelten sich dann am Kasten wider, an den Glasscheiben, welche die Bilder bedeckten, die Miß Florence noch vor dem Krieg aus England hatte kommen lassen. Sie sagte, die Bilder stellten Mister Pickwick dar. Ein andermal aber sagte sie wieder, die dicken Herren mit den roten Gesichtern seien einfach Engländer beim Sport. Sie spielten Golf, sie kutschierten und sie spielten Curling. Das taten sie, indem sie auf dem Eis mit großen Besen Gegenstände vor sich hinschoben, von denen die Mama behauptete, es seien Wärmeflaschen.

Wenn Renato auf die Straße getreten war, dann hatte er seine körperliche Lage dennoch nicht verändert. Denn was man die Bewegung seiner Füße genannt hätte, war nichts anderes als die Ruhe, in der er sich zu Hause am Sessel sitzend eben noch befunden hatte, es war die gleiche Ruhe, so wie zwei Melodien die gleichen waren, von denen Fräulein Konrad behauptete, die eine sei nur in eine fremde Tonart transponiert. Und eben diese Ruhe suchte er auch in der Fechtstunde wieder herzustellen. Wenn Herr Kvapny ihn aufforderte, mehrmals die gleichen Stöße zu trainieren, dann ging mit dem Gefühl der Ruhe ein angenehmer elektrischer Strom durch seine Glieder.

In den Pausen legte Herr Kvapny Helm und Handschuhe ab und blickte hinunter auf die Straße. Die Fechtschule lag im fünften Stock. »Wie Ameisen«, sagte Herr Kvapny, dann nickte er befriedigt. Renato fragte ihn, was es noch durchzunehmen gäbe. »Jetzt noch die Doppelfinten«, sagte er, »und im nächsten Jahr kommt Säbelfechten.« Er sah die Schüler kommen und gehen, er wußte von den einen, daß sie im Florett noch nicht sehr fortgeschritten waren und von den anderen, daß sie im Säbelfechten schon sehr schöne Resultate zeigten. So ordnete sich ihm die Welt nach den Leistungen im Florett, im italienischen und deutschen Säbel, so wie für den Schöpfer seine Welt sich nach Wasser und Erde schied, nach bösen und guten und vielleicht auch nach großen und nach kleinen Geistern.

Am Rückweg bemerkte Renato, daß ein oder das andere Schaufenster sich um diese Stunde schon erleuchtet zeigte, um auf solche Weise einen Innenraum mitten in die kalten Straßen zu verpflanzen. Im Torweg traf er immer auf Herrn Knobloch, den Hausbesorger, der mit dem Diener aus dem zweiten Stock, mit dem Gemüsehändler oder mit einem Fremden im Gespräche stand. Es wäre schon Zeit gewesen, im Stiegenhause Licht zu machen, aber Herr Knobloch dachte nicht daran, seine Kontemplationen sein zu lassen. Er sprach über die Zeiten und seufzte hin und wieder. Aber da er zwischendurch das Gesicht bis zur Breite seiner goldgeränderten Brille zu einem Lächeln auseinanderzog, mußte man annehmen, er sei mit den Zeiten, mit der Not und mit dem Kriegsjahr dennoch nicht so unzufrieden, da ihm das alles Gelegenheit gab, hier zu stehen und zu seufzen, in dieser Dämmerstunde, die sich langsam in die Straßen gelegt hatte und die auch im Innern des Hauses lautlos aus den Winkeln hervorgekommen war, um sich mit dem Kaffeegeruch des Nachmittags über den Treppen aufzuschichten.

Zu Hause rief Miß Florence gleich zum Tee. Das Teetrinken war eine sakrale Handlung für sie, und Renato fand bald das Zeremoniell, mit dem der Tee hier im Kinderzimmer aufgetragen und genossen wurde, ein wenig lächerlich und übertrieben. Aber Miß Florence hielt etwas auf diese Stunde. Manchmal durfte man sie nicht einmal durch Reden dabei stören. Wenn sie die Tasse ansetzte und ohne zu trinken darüber hinwegsah, dann hatte man zu schweigen. Sie denkt jetzt an England, sagte sich Renato. Und er sah, wie sie dabei war, das Land, in dem sie jetzt am Teetisch saß und von dem sie sagte: »Hier sind die Leute schrecklich, sie haben keine Ahnung von dem, was sich zu tun gehört«, wie sie dabei war, dieses Land mit ihrer Insel zu vergleichen. In England, so dachte Renato, dort sind die Menschen alle gütig, nobel, heldenhaft und zart besaitet, allerdings auch ein wenig ungerecht und beschränkt, wie Miß Florence selbst. Aber Renato wußte, daß das hinzunehmen war: dieses kleine Maß von Dummheit, welche das Tun und Wollen der höheren Mächte so groß und unerforschlich machte.

Gewiß, es bestand ein Gegensatz zwischen diesem Bilde, dem Bild vom guten Lande der Miß Florence, und jenen Anschauungen, wie sie jetzt im zweiten Kriegsjahr in der Schule vorgetragen wurden und wie sie in den Zeitungen zu lesen waren, vom bösen verräterischen Albion, vom schlauen, hinterlistigen Feinde (auch Renato glaubte ihn zu hassen, wenn er nach der Meldung eines Sieges an die Wand trat, um auf der Generalstabskarte der Westfront, die in seinem Zimmer hing, die Stecknadeln mit den schwarz-weiß-roten Fähnchen zu versetzen). Aber wie sollte man annehmen, daß man in diesem Lebensalter daran denkt, die Dinge miteinander in Einklang zu bringen? Auch später, wenn es uns etwa gelungen sein mag, der Wahrheit etwas näher zu kommen, auch dann haben wir gewiß noch lange nicht die volle Wahrheit, die alle Dinge miteinander harmonieren läßt. Der menschlichen Optik ist die Welt offenbar nur in Ausschnitten gegeben und nur so weit als diese Ausschnitte in Widersprüchen zueinander stehen. Und wenn in den Jahren, die wir die Jahre der Reife nennen, die Probleme sich lösen, die Welt sich zu ordnen beginnt, dann sollen wir uns nicht darüber täuschen: wahrscheinlich haben wir oberflächliche Kompromisse geschlossen, während uns die wahre Harmonie verborgen bleibt.

Was nun Miß Florence betrifft, so konnte es geschehen, daß sie zu Renato ins Zimmer kam, nur um ihm zu sagen, es würden auf der Straße Extraausgaben verteilt, in denen von einem Sieg der deutschen und der österreichischen Armee zu lesen war. Sie freute sich dann und meinte, man müsse dafür sorgen, daß Knobloch nicht vergesse, die Fahne aufzuziehen. Aber es konnte auch ganz anders kommen. Wenn Renato sie fragte, ob sie schon von dem neuen Sieg erfahren habe, dann kam es vor, daß sie ihn lange ansah. »Du bist ein großer Junge«, meinte sie, »du wirst bald dreizehn sein, du müßtest wissen, wie man sich benimmt.« Und hatte sie dann beschlossen, kein Wort zu ihm zu sprechen, so blieb sie für den Rest des Nachmittags dabei.

Es nützte dann auch nichts, was immer er versuchte. »Miß Florence«, sagte er, und er sagte es so sanft, daß er sich selber denken mußte, es sei sehr schön und rührend, wie es klang, »Miß Florence, das was wir gestern in Oliver Twist miteinander gelesen haben, das ist wirklich herrlich«, oder er sagte: »Miß Florence, wie die beiden Hunde im Stadtpark heute gerauft haben, daran muß ich noch immer denken.« Aber Miß Florence sah wortlos vor sich hin und ihr Blick schien wieder die Küste Englands zu umfangen, den Hydepark mit den Kindern, die so schön zu Pferde saßen, die Wiesen mit den breiten Bäumen, und ihren lieben Vater, der mit großem aufgezwirbeltem Schnurrbart, seinen Stock in der Hand haltend auf einer Bank saß (so zeigte es die Photographie) und Renato mußte sich sagen: »Ich bin niedrig und verachtenswert« (»niedrig denkend« pflegte Miß Florence das zu nennen).

Manchmal kam auch die Mama zum Tee. Aber sie lag zumeist auf dem Sofa. Mama war immer krank, und wenn der Doktor Wanka kam, eilig und verdüstert dreinsah und in seiner Hand die Reisetasche hielt, in der er an Stelle von Pantoffeln, Zahnbürste und harten Eiern jenes silberne Etwas trug, das er sein Instrumentarium nannte, wenn dann die Köchin zu Miß Florence sagte: »Immerfort und immerfort der Doktor, was das nur für ein Geld kosten muß!« dann wußte Renato niemals ganz genau, gegen wen die Anklage gerichtet war, gegen den Arzt, gegen die Weltordnung oder gegen die Mama. »Deine Mutter ist krank«, sagte der Papa und schwieg. Renato sah ihn an, sah die einzelnen Haare seines Schnurrbarts und spürte, daß er ihm böse sei, weil es ihm nicht gelang, aus seinem Innern sichtbarlich die Materie der Traurigkeit zu entsenden, jener Traurigkeit, die man über die Krankheit der Mama empfinden mußte, während ihm selbst, dem Papa, dieser Schmerz so ganz natürlich eingewachsen war, er diesen Schmerz so gut verankert in sich trug, mit solcher Sicherheit schon damit umzugehen wußte, daß er bei Tisch Gemüse nehmen, nachher in der Zeitung lesen und schließlich sogar lächeln konnte, ohne dabei den Ritus seiner Traurigkeit auch nur um ein Geringes zu verletzen (ganz wie ein Künstler am Volant eine Zigarette nimmt und plaudern kann, während er zugleich die schwierige und schnelle Fahrt mit aller Überlegenheit zu meistern weiß).

Es ist schrecklich, daß die Mama krank ist, dachte Renato, während er bei ihr im Zimmer stand, und er wartete darauf, daß mitten in seiner Brust ein Gegenstand sich loslösen, vielleicht eine kleine Platte sich bewegen würde, um durch die Reibung, die dabei entstünde, den Kummer über Mamas Erkrankung fühlbar zu machen. Es war jenes selbe Ereignis, das er an den Kammermusikabenden erwartete, wenn im verdunkelten Konzertsaal nur die kleinen Lichter an den Pulten brannten und sie begonnen hatten, ein Beethoven-Quartett zu spielen. Dann dachte er sich immer: Das ist Beethoven, das ist die schönste Musik, die geschrieben worden ist, das muß ein großes Erlebnis sein. Aber daß das Erwartete nicht eintraf, darüber dachte er dann nicht mehr nach.

Die Mama fragte immer: »Bist du von Miß Florence abgeprüft?« Dann sagte sich Renato, daß offenbar gewisse Worte – wie das häßliche Wort »abgeprüft« – die Macht besaßen, eine Situation ins Leben zu rufen und mit allen Einzelheiten auszustatten. Wenn Miß Florence die Brille genommen hatte, um sich mit der lateinischen Grammatik in der Hand vor ihn zu setzen, und wenn sie die wörtliche Wiederholung der Sätze aus dem Lehrbuch hören wollte und nach Dingen fragte, die man in der Schule gar nicht wissen mußte, dann kam das alles offenbar nur deshalb so, weil sie das Wort »abgeprüft« gebrauchten. Wahrscheinlich sagten sie: Ein Junge muß abgeprüft werden, und ließen überdies noch mit dem Worte Junge einen Schüler dem Erdboden entsteigen, der mit seitwärts geneigtem Kopfe vor Miß Florence stand und dessen Kleidung sie betrachtete – den grauen Rock und die graue Hose, von denen die Mama beim »Einkauf« immer sagte, sie seien »solid«, wobei sie dann hinzufügte, »das ist das Richtige für einen solchen Jungen« – dessen Anzug also Miß Florence »ins Auge fassen« wollte, um zu sehen, ob er »in Ordnung« war, während sie mit dem Lateinbuch und mit der Brille wie hinter einer neuartigen Kriegsmaschinerie schon ihren Platz bezogen hatte.

»Transporto equitatum Rhenum«, sagte Renato, wenn er vor Miß Florence stand, »ich setze die Reiterei über den Rhein.« Miß Florence aber unterbrach ihn gleich: »Wie kannst du nur sagen: ›I c h setze die Reiterei über den Rhein‹, hier steht doch einfach: s e t z e die Reiterei über den Rhein! Du hast ja wieder keine Ahnung.«

Gewiß hätte Renato versuchen können, ihr die lateinische Grammatik zu erklären. Aber Miß Florence verstand nur das, was sie verstehen wollte. So hatte sie sich auch die Hauff-Novellen nicht erklären lassen. Wenn Renato mit dem Buch in der Hand zu ihr gekommen war, um ihr den Anfang jener Novelle vorzulegen, die so großartig mit der Schilderung des Opernabends und des weiß und goldenen Zuschauerraumes begann, dann hatte sie immer einen Grund dafür gefunden, die Sache aufzuschieben. Sie hatte gerade mit der Köchin abzurechnen oder sie war mit der Nähschachtel beschäftigt. Sie hatte vor sich am Tisch die hölzerne Schachtel stehen, deren gelbe Farbe sich in Grau verwandelt hatte, seit sie keine Bonbons mehr enthielt, und der Miß Florence jetzt an Stelle von Schokoladestücken kleine Nähnadeln entnahm, die sie allerdings mitunter – vielleicht den Gesetzen dieser Schachtel folgend – wie ein Stück Zuckerwerk in ihren Mund nahm und zwischen ihren

Zähnen festhielt. »Jetzt nicht«, sagte sie zu Renato, nachdem sie die Nadel aus dem Mund herausgenommen hatte. »Du siehst, ich habe keine Zeit für deine Hauff-Novellen.« Renato wußte aber dann, daß sie bei ihrer falschen Vorstellung von den Novellen bleiben würde. Machte er nämlich vor einem Fremden eine Bemerkung über das Theater oder über irgendein Ereignis, dann geschah es immer, daß ihn Miß Florence unterbrach. »Ach hören Sie nicht auf ihn«, sagte sie dann zu dem anderen, »er redet so gescheit, Sie müssen wissen, er hat die Hauff-Novellen gelesen, das ist alles.«

Bei der Mama im Schlafzimmer sah Renato die langgezogenen gläsernen Tropfen an, die immer ganz nahe daran waren, vom Luster herabzufallen (ohne daß es aber jemals geschah oder jemals dazu kommen konnte). Er hörte auch das Ticken der Standuhr. Ein Lebewesen stieg aus ihrer Flanke auf, in der unteren Hälfte ein Fisch, in der oberen ein Mensch, eine Frau, die in die Ferne sah und die mit ihrem großen bronzenen Sommerhut das Zifferblatt beschattete. Renato dachte dann: Jetzt könnte ich etwas über Miß Florence sagen. Miß Florence sprach in der Küche viel Schlechtes über die Mama. Und Renato wußte, was geschehen wäre, wenn die Mama davon erfahren hätte. Er wußte, daß er mit dieser Mitteilung, mit bestimmten kleinen Bewegungen nämlich, die er mit seinen Lippen machen würde, eine jener minimalen Hebelverschiebungen vollziehen würde, durch die manchmal eine weitverzweigte Apparatur, ein großes Industriewerk, ein Zaubertheater in der gleichen Sekunde in Betrieb gesetzt wird. Und er sah auch, was er mit dieser kleinen Bewegung auslösen würde: die

Empörung der Eltern über Miß Florence – sie wäre schon beim Kofferpacken –, ein Laufen durch die Wohnung, ein Türenschlagen und ein Telephonieren und schließlich auch die Empörung der Dienstboten über die Eltern (»es ist schrecklich«, würden sie sagen, »mitten im Krieg setzt man sie auf die Straße«). Es wäre vielleicht schon spät am Abend. Aber trotzdem würde Knobloch ihren Koffer hinuntertragen. Er würde den breiten, niedrigen Koffer auf seinem Rücken tragen, während er über die Stiegen hinunterginge. Unten würde er dann den Koffer auf den Gehsteig stellen, gerade unter die Gaslaterne. Und dann würde sich Miß Florence auf den Koffer setzen. – Aber nichts von alledem geschah. Renato saß bei der Mama, und die bronzene Dame horchte weiter in die bewegungslose Luft des Schlafzimmers hinaus, horchte über das langsame Ticken ihrer Uhr hinüber und vernahm nichts als gelegentlich einmal ein leises Gurgeln in den Rohren der Zentralheizung.

Warum er Mama nichts sagen konnte, diese Frage legte sich Renato freilich manchmal vor. Aber wenn er dann zum Resultat kam: Ich kann nichts tun, weil ich Miß Florence liebe, dann war es, als ob im Augenblick (wie im Orchester ein Instrument, welches die Melodie einem anderen übergibt, einem anderen, das aber nicht erst dann fortfährt, wenn das erste verstummt, sondern mit dem Schlußpunkt des ersten schon seinen Einsatz hören läßt) es war, als würde die Erklärung im Augenblick von einer Stimme abgelöst, welche zu sagen schien: Nein, du liebst sie nicht, du hast nur von der Liebe sprechen hören, und du glaubst, auch du müßtest das erfahren. In Wirklichkeit, so dachte er, wäre es beschämend, gerade sie zu lieben. Aber wenn es ein andermal geschah, daß er sich sagen mußte: sie ist dumm, sie ist böse, dann war im Augenblick die Stimme wieder wach: Wie kannst du nur so denken, du liebst sie ja in Wirklichkeit!

Eines allerdings stand fest: Es war anders um sie bestellt als um die gewöhnlichen Leute, die Professoren in der Schule, die Familienmitglieder, die Besuche, die ins Haus kamen. Das Leben, die Reden, die Meinungen dieser Menschen waren durchsichtig, waren langweilig und ohne Wichtigkeit, die Gestalt der Miß Florence dagegen schien wie ein kostbares Tabernaculum ein Stück von dem Geheimnis, welches die Welt in Gang erhält, in ihrem Inneren zu verbergen. Manchmal schien es sogar, als würde das Geheimnis selbst für einen Augenblick lang an die Oberfläche emporgetragen. Wenn sie vor sich hinsah, wenn sie keine Antwort gab, dann war es plötzlich da und lange nachher blieb das Zimmer noch mit der Traurigkeit angefüllt, die es zurückgelassen hatte. Oft mußte sie auch selbst nichts dazu tun und man stand dennoch mit einemmal davor. So konnte es geschehen, daß man ihren Namen – zwei Silben, zu täglichem Gebrauch geschaffen, unbeachtet, wie der Mechanismus unserer Gehvorrichtung, wie der Zweck des Hebelwerkes für den routinierten Autolenker – es konnte geschehen, daß man diesen Namen wie von einer dahinterstehenden Lampe erhellt plötzlich in seiner Transparenz erleuchtet sah. Und das Wort Florenz – Renato verband damit schon damals die Vorstellung von einer breitangelegten Hügelstadt, von schönen Frauen in roten Samtgewändern, von einer schwärmerischen

Jugend und von geheimen Waffengängen –, dieses Wort Florenz stand so sehr im Mißverhältnis zu dem armen englischen Mädchen mit seiner fahlen Haut, der spitzen Nase und der kleinen, hinkenden Gestalt, daß es unmöglich war, sich der Tränen zu erwehren. Ihre guten Eltern hatten in den Namen ihren ganzen Stolz und ihre Hoffnung konzentriert. Sie hatten ihr den Namen Florence gegeben, dessen englische Betonung die Wunder der Märchenstadt in das frische Grün des Nordens zu verpflanzen schien, das Bild einer jungen Lilie hinter der vereisten Fensterscheibe sich in seiner zarten Schärfe profilieren ließ. Aber das Leben hatte anders entschieden und der Name, dazu angetan, über einer glücklichen Existenz als Leitstern zu erglänzen, hatte nun keine andere Funktion, als die körperliche Häßlichkeit in unbarmherziger Beleuchtung aufzudecken. Ich liebe sie, sagte Renato manchmal zu sich selbst, und er dachte, Liebe und Mitleid seien eins. War es einmal geschehen, daß er das Geschichtspensum nicht auswendig herzusagen wußte, und kam sie dann spät abends noch einmal in sein Zimmer, um mit blitzenden Augen ihren Zorn aufs neue zu entladen – er lag schon im Bett und auch sie war nur mit dem Nachthemd bekleidet –, dann konnte er ihr trotzdem nicht böse sein, denn er sah ihre knochigen, bedauernswerten Arme und ihren kleinen schwarzen Zopf, der gerade nur bis zum Hemdausschnitt herunterreichte.

Er mußte dann auch an andere Tage denken. Hatten sie am Nachmittag nach einem kalten Spaziergang das Haus betreten, dann sagte sie mitunter: »Komm, wir wollen uns im Kamin ein Feuer machen.« Er durfte ihr dabei helfen, die Holzscheite aufzuschichten und das Zeitungspapier unterzulegen. Und hatte es angefangen zu brennen, dann sagte sie: »So, jetzt setzen wir uns davor.« Dann rückte er seinen Stuhl neben den ihren, ließ die Wärme von den Füßen her langsam in seinen Körper steigen und war gerührt bei dem Gedanken an Miß Florence, die es verstand, eine solche Stunde zu genießen.

War sie nun immer bereit, gegen die Eltern, gegen die Familie mit unerbittlicher Kritik zu Feld zu ziehen – wenn etwa Papa es unterlassen hatte, sie einem Fremden vorzustellen, mit dem er durch das Zimmer ging –, so schien es, als hätte sie all ihre Demut aufgespart, um einen anderen Kreis mit ihrer Liebe zu bedenken, den Kreis der Kinderfräulein, die man im Stadtpark traf. Allen voran befand sich Miß Harrison, die Gouvernante der kleinen Gérard, im Genuß ihres schrankenlosesten Respektes. Miß Harrison war, bevor Frau Gérard sie aufgenommen hatte, in England im Hause des Herzogs von Teck in »Stellung« gewesen und der Onkel der Kinder, König Eduard der Siebente, hatte sie oftmals mit einem freundlichen Shakehands bedacht. Wenn Renato beim Einschlafen die Bilder des Tages an sich vorbeigehen ließ, wenn er Miß Harrison mit der kleinen Marianne durch die Hauptallee des Stadtparks kommen sah, dann tauchte zugleich im Hintergrunde immer jene kleine Szene auf, in welcher der König die Hand der Miß Harrison in der seinen hielt, um sie kräftig und kameradschaftlich ein paar Sekunden lang zu schütteln. Sein bärtiges Gesicht hatte er dabei mit einem jovialen Lachen illuminiert, während Miß Harrison wahrscheinlich nichts als jenes stille Lächeln sehen ließ, das sie auch jetzt noch zeigte, wenn ihre weiche Gestalt mit dem blonden Pudelkopf vom andern Ende des Stadtparks her ganz langsam auf dem Kies herangeglitten kam. Das Szenarium des königlichen Händedruckes aber – einmal das Kinderzimmer im Hause Teck, ein andermal ein Zimmer im Buckingham Palace, wenn Miß Harrison mit den Kindern für einen Sprung vorbeigekommen war, um den Onkel zu besuchen – dieses Szenarium war Renato so gut bekannt (es war das eigene Kinderzimmer oder das Zimmer Tante Melanies mit den grünen Plüschfauteuils), daß es des ganzen Leichtsinns, der Unsolidität des Königtums bedurfte, um das Bild in seinem schmerzlichen Glanze leuchten zu lassen.

Renato dachte an diese Unsolidität des Königtums und meinte, daß es eben nur dem Verächter der traurigen Prinzipien gelingen konnte, jener Prinzipien, wie sie Herrn und Frau Martin, die Eltern, dazu verhielten, ihr langweiliges Leben fortzuführen, daß es nur mit schlechten, ungeordneten Finanzen möglich war, nur auf der Basis einer zweifelhaften Existenz, das Königtum, das so naiv und weltenfern aus einem blauen Rittersaal herübergrüßte, dieses Königtum in seiner düsteren und doch so zarten jugendlichen Pracht hier neben der Zentralheizung, dem Wasserklosett aufs neue in Leibhaftigkeit erstehen zu lassen. Die Könige von England, sie konnten in Renatos Augen nur als Hochstapler erscheinen, als Hochstapler, so wie die großen Geister, die berühmten Künstler, die sich über ein Leben, wie man es zu Hause führte, zu erheben wußten. Darum war auch Marianne Gérard ein so beneidenswertes Wesen, denn ihre Mutter – so hatte man behauptet – war eine Frau von schlechtem Ruf. Und als einmal jemand gesagt hatte, es sei nicht klar, wovon Frau Gérard denn eigentlich zu leben habe, da hatte Renato es begriffen: man mußte sich in ungeordneten Geldverhältnissen befinden, um einen so schönen roten Mantel zu tragen wie Marianne, um eine Haut zu haben, die an den Schläfen durchsichtig war, und glashelle Augen.

Miß Florence hatte mit Miß Harrison immer viel zu sprechen, darum wurden Renato und Marianne angehalten, vor ihnen herzugehen. Viermal in der Woche fanden diese Spaziergänge statt, an den Tagen, an denen es keine Fechtstunde gab. Renato mußte dann schon am Morgen daran denken, daß er Marianne treffen werde und war auch bemüht, sich die Gespräche, die er mit ihr führen würde, im vorhinein zurechtzulegen. Aber es kam immer anders. War in der Mittelallee der rote Farbfleck von Mariannens Mantel aufgetaucht und sah Renato im Näherkommen, wie ihr schmaler Kopf sich langsam auf dem Grund des grauen Pelzbesatzes modellierte, dann schien es wohl zunächst nicht schwer, mit der Erzählung von Hauffs Othello zu beginnen. Hatte er aber angefangen, ihr die Geschichte vorzuführen, dann mußte er sehr bald begreifen: die Bewunderung, die er damit erregen wollte, die Bewunderung, die sich vom Othello auch auf seine Person zu übertragen hatte, diese Bewunderung stellte sich nicht ein. Es gelang ihm nicht, Marianne etwas anderes als ein gleichgültiges »Ja, ja, ich höre« zu entlocken.

Aber trotzdem gab er das Erzählen nicht auf, bemühte sich, das Letzte, Überzeugendste herauszuholen, während die eigene Stimme ihm immer fremder und mechanischer zu klingen schien, die glanzvollen Formulierungen, die er sich zurechtgelegt, zu kümmerlich verlegenen Geschöpfen dezimiert, den Weg nicht zu Marianne fanden. Sie aber blickte indessen vor sich hin, ohne ihre Miene auch für einen Augenblick zu lösen und nur eine Strähne Haares wurde ab und zu von einem Windstoß in die Stirn getrieben und ließ um so eindringlicher die Unbeweglichkeit des Mundes, der dünnen, geschwungenen Nase, wie in dem Relief auf einer Terrakotta in Erscheinung treten.

Gewiß fand Renato mitunter seinen Trost. Er dachte sich dann: sie ist jünger als ich, sie kann das alles nicht begreifen. Aber wenn sie einmal sagte: »Ich war gestern im Konzert Rosé, sie haben wieder phantastisch schön gespielt«, oder wenn die Mama bei Tisch erzählte, sie habe gehört, die kleine Gérard sei ein ganz ungewöhnlich frühreifes Geschöpf, dann war Marianne und ihr Geheimnis sogleich in unbetretbares Gebiet entrückt.

Der Stadtpark war von drei Alleen durchzogen, von der oberen, der unteren und der breiten mittleren. In die obere Allee – sie war neben dem Bahnhof gelegen – ging man nur, um Abwechslung zu suchen, und immer geschah es, daß man sie bald verließ. Die obere Allee wurde von Menschen passiert, die den Stadtpark nur als Durchgangsort benutzten, und es war, als würde, mit den Paketen, die sie trugen, mit dem Strohgepäck der Frauen und den schwarzen Holzkoffern der Soldaten, der Geruch des Eisenbahncoupés, der Geruch von Ruß und Orangenschalen bis an die freie Luft getragen. Hier saß auf seiner Bank der Mann mit dem hölzernen Bein. Die Welt seiner Finsternisse, der Schreckensbilder von Spital und Nachtquartier, hatte ihn so sehr in ihren Bann gezogen, daß man ihn immer wieder nur hierher kommen sah, nur zu dem muffigen oberen Weg, nicht in die lichteren Bezirke des unteren Weges und der Hauptallee.

Der untere Weg war immer menschenleer. Man suchte ihn sehr gerne auf, und am Anfang des Spazierganges bogen die Kinder ab, um die Fräulein unbemerkt dahin zu leiten. Der Weg war geschlängelt und mit der Ordnung der Gebüsche an der Seite – im Winter ein dicht verfilztes Ästewerk – gab er immer wieder einen überraschenden Aspekt. War es Renato gelungen, Marianne zum Lachen zu bringen – mit einer unglaubwürdig einfachen Bemerkung konnte das geschehen, wie etwa: »Schau dort in der Gasse der Mann mit seinem Bart!« – dann konnte er hoffen, der ganze Spaziergang werde so verlaufen.

Der untere Weg wurde aber auch knapp vor dem Nachhausegehen aufgesucht. Man war daran, den Stadtpark zu verlassen, aber im letzten Augenblick schienen sich die Gouvernanten zu besinnen und sagten: »Wir gehen noch einmal den unteren Weg.« Um diese Zeit war in der angrenzenden Mariengasse ein oder das andere Fenster schon erleuchtet und fuhr dort ein vereinzeltes Gefährt vorbei, so schien mit dem Aufschlagen der Hufe und dem Rattern des Wagens auf seiner Fahrt über das schlechte Pflaster die Stille um so deutlicher zu werden, aus der das Geräusch heraufkam und in der es sich wieder verlor. Mit Marianne hatte sich Renato nicht zu verständigen gewußt, aber während er neben ihr herging, dachte er schon an das nächste Mal. Nächstens – so dachte er – wird er versuchen, von »Freischütz« mit ihr zu sprechen, ihr dasselbe zu sagen, was Felix heute in der Schule über das Stück geäußert hat. Er wird Felixens Rolle spielen und sie wird gezwungen sein, dabei dieselbe Spannung zu empfinden, mit der man Felix immer zuzuhören pflegt.

Übrigens wurde aber auch der untere Weg nicht allzu oft betreten. Die Fräulein favorisierten die Mittelallee. Breit und kerzengerade angelegt, gab sie einen weiten Blick, und die anderen Kinder und ihre Gouvernanten waren schon auf eine große Distanz hin zu erkennen. Manchmal kam man so zu einem Haufen zusammen, ein großes Rudel von Kindern und ein großes Rudel von Fräulein. Meist aber blieb man mit den anderen nur für eine kurze Weile stehen. Miß Florence und Miß Harrison kamen nicht in die Hauptallee, um sich allzu häufig in ihrer Unterhaltung stören zu lassen. Es steht allerdings nicht fest, ob es sich nicht ganz anders verhielt, ob sie nicht hierher kamen, gerade in der Hoffnung, mit den anderen gehen zu können. (Die Hochachtung, mit der Miß Florence von allen Gouvernanten sprach, macht die Vermutung nicht ganz unwahrscheinlich.) Vielleicht waren es die anderen, die einen ständigen Verkehr mit den Engländerinnen zu vermeiden suchten, vielleicht aber waren auch beide Teile daran interessiert, die Freundschaft des anderen zu gewinnen, und es gab als Hinderungsgrund nur die beiderseitige Ungeschicklichkeit.

Mit Helene Pauer freilich und mit ihrer Gouvernante ging man jedesmal, wenn man sie traf. Wenn Marianne Helene kommen sah, dann freute sie sich und Renato wußte, daß der Spaziergang endgültig verdorben war. Er mußte zusehen, wie die Mädchen eng umschlungen abseits gingen, wie sie leise miteinander sprachen und auch manchmal lachten. Freilich war er dann bemüht, so auszusehen, als kümmere ihn das alles nicht, aber es war sehr fraglich, ob es ihm gelang. Denn Felix Bruchhagen hatte ihm schon einmal gesagt: »Ich hab' dich gestern beobachtet, mein Lieber, das war ja entzückend anzuschauen, wie die Mädchen dich im Stich gelassen haben und dein Gesicht dazu.« So mußte er also an den Tagen, an denen man mit Helene ging, auch befürchten, von Felix überrascht zu werden.

Was die Mädchen einander erzählten, das konnte er in der Entfernung nicht verstehen, aber er hörte, was die Gouvernanten sprachen und hörte die Lamentationen Fräulein Stöwes über die Zustände im Hause Pauer. »Das ist alles nur eine Mache«, pflegte sie zu sagen, »außen hui, innen pfui, heißt es hierzulande. Das wäre übrigens bei uns denn doch nicht möglich, daß ein gesunder, kräftiger Mann, wie dieser Herr Pauer, zu Hause seinem Profit und seinen Geschäften nachgeht, während sich draußen so viele blühende junge Menschenleben opfern müssen. Aber dabei ist das eine Kleinlichkeit und ein Geiz, das kann man gar nicht schildern. Neulich kommt die Frau zu mir: ›Ach Fräulein Stöwe‹, sagt sie, ›Sie könnten doch mit uns in den neuen Kriegsfilm kommen.‹ Aber wie wir dann hingehen, heißt es plötzlich: man hat nur eine kleine Loge bekommen, und mir gibt man so einen schlechten Platz, daß mein Kopf nachher noch drei Tage am Zerbersten ist von dem Geflimmer. Aber nach außen hin alles vornehm und tipptopp. Na, unsereins kommt eben doch dahinter. Da genügt es auch schon, die gemeine Art mitanzusehen, wie der Herr und die Frau miteinander streiten. Das geht den ganzen Tag lang und auch bei Tisch nimmt man kein Blatt vor den Mund. Für so ein Kind ist das natürlich Gift.«

Miß Florence nickte mit tiefem Ernst und dennoch mit Befriedigung zu den Erzählungen des Fräulein Stöwe. Sie träumte von einer Welt, die nach einem besseren Gesetz geordnet war, von einer Welt, in der die Gouvernanten, mit Ehren überhäuft, das Leben der Familien, ja vielleicht sogar der Völker leiten würden. So nahm sie die Schilderungen Fräulein Stöwes mit der Würde und dem Verantwortungsgefühl des Generals entgegen, der einen Bericht über die feindliche Kriegsmacht erhält, zugleich aber auch mit dem überlegenen Lächeln des Historikers, dem neues Tatsachenmaterial zugetragen wird, ein Forschungsergebnis, das sich zur Stützung seiner These und seiner politischen Überzeugung sehr gut in sein Geschichtsbild fügt.

Allerdings geschah es nicht allzu häufig, daß man Helene und Fräulein Stöwe traf. In einem anderen Stadtteil wohnend, besuchten sie meist eine andere Parkanlage. Miß Florence und Miß Harrison dagegen blieben dem Stadtpark treu, blieben treue Besucherinnen seiner Hauptallee. Nur in den Sommermonaten ging man nicht hierher. Da gab es die Gärten der Peripherie, auch war im Stadtpark das Gedränge allzu groß. Aber im Winter waren die Besucher der Hauptallee auf solche Distanzen hin verteilt, daß man an das Bestehen eines höheren Gesetzes glauben mußte, das nur deshalb die Bäume entlaubt und große Strecken eines grauen Himmels freigelegt hatte, um nach allen Richtungen hin Platz zu machen, und das so durch Verwandlung der Erde in ein übersichtliches Gelände die Freuden der kalten Jahreszeit vermehrte.

War der November eingezogen, so hatte er wohl in den Straßen der Stadt die Fassaden alle in eine Dunstschicht gehüllt, das Innere der Kirchen schon am frühen Nachmittag in eine Dämmerung versinken lassen, in der die Menschen, die jetzt den Raum betraten, das ewige Licht wie in unendlich weiter Ferne glimmen sahen. Hier aber in den Parkanlagen hatte der November die andere Seite seines Januskopfes über dem Prospekt erhoben. Nachdem das Laub endgültig abgeräumt war, hatte der Maronimann mit seiner kleinen Lokomotive in der Hauptallee Aufstellung genommen und auch die Kinder, mit Gamaschen und warmen Mänteln bekleidet, waren bereit, die Fahrt in den Winter anzutreten.

Um aber die wehmütige Fröhlichkeit dieses Abreisebildes noch durch einen letzten Handgriff zu beleben, hatte es sich der Maler nicht versagt, mitten in die hellgrauen Töne einige karminrote Flecken aufzusetzen, die Nasen der alten Herren, deren kleine Phalanx sich langsam durch die Hauptallee bewegte. Allerdings waren es nicht die Nasen, die auf den Bildern von Jordaens und von Ostade als Prunkstück in den Gesichtern der Greise figurieren und die, umspielt vom Duft, der aus einem Weinglas steigt, in ihrem milden Glanz die Unbekümmertheit der Jahre widerspiegeln, die als Epilog dem

Fluß der Zeit enthoben sind und die darum den Kinderjahren gleichen, die dieser Fluß noch nicht ergriffen hat. Die Nasen der alten Herren waren ganz einfach von der Luft gerötet, von jener Luft, in der erste Kälte (wie Siphonperlen, die künstlich ins Trinkwasser gepreßt sind) aufstieg, um mit ihrer Schärfe gegen die Zartheit des Gewebes vorzudringen. Und die Flügel dieser Nasen, schon beim ersten Hauch erzitternd, suchten vergebens die Atmosphäre wiederzufinden, aus der man sie getrieben hatte und die, sorgsam bewahrt mit Hilfe der Teppiche am Fensterbrett, zwischen den Löwenköpfen der Fauteuils den rechten Aufenthalt gewährte, mit ihrer Mischung von Ofenwärme, Plüschgeruch und jenem Holzgeruch, der dem Büfett entströmt – seit vierzig Jahren steht es in seiner eichenen Pracht in Erwartung imaginärer Festlichkeiten. Gewiß, auch diese Alten waren ins Kinderland zurückgekehrt, doch hatte nur das erneute Schutzbedürfnis sie diesen Weg gewiesen, den Weg, der bei allem noch immer recht beschwerlich war. Gab es nämlich etwas zu sagen, dann blieben sie stehen, wandten einander die Köpfe zu und hielten so alltäglich eine Probe für den Leichenzug ab, der sich eben so langsam vom Trauerhause fortbewegen würde, um immer wieder einen kleinen Halt zu machen, bei einer Straßenkreuzung oder beim Vereinslokal, wo der Verewigte die Stelle eines Vorstandsmitglieds eingenommen hatte.

Von den Herren Valenta wurde Renato immer angehalten. Der jüngere der beiden, der fünfundsiebzigjährige Doktor war es, der das Wort an ihn zu richten pflegte. »Wie geht es denn der Frau Mama?« »Danke gut«, gab

Renato dann zur Antwort. Er sagte es, ohne zu überlegen, wie es der Mama denn wirklich gehe. Aber auch in der Erwiderung des Doktor Valenta gab es keine Variation. »Das ist recht, das ist recht«, meinte er, dann blieb er immer noch ein Weilchen stehen. Offenbar glaubte er, es wäre nicht höflich, sich gleich abzuwenden und suchte darum nach einer Freundlichkeit, die er Renato hätte sagen können. Aber so sehr er sich auch anstrengen mochte, es fand sich keine und so blieb ihm denn nichts anderes übrig, als das Lächeln, das die letzten Worte begleitet hatte, auf seiner Miene zu fixieren. Und wie ein großer Felsblock, der einsam über dem Meeresspiegel hängt, so schien dieses Lächeln in die Verlegenheit der Gesprächspause hineinzuragen, ohne aber auch die Wildheit von Doktor Valentas Äußerem zu besänftigen, die Schrecken seiner mächtigen Gestalt und das Drohende seines Barthaares, das noch immer nicht ergraut, in dünnen Strähnen sein Gesicht umwehte.

Wie war dieser Bart doch verschieden von dem Bart des anderen Bruders! Herr Valenta senior war nur um ein Jahr älter als der Doktor und darum mußte man glauben, die Natur habe hier einen jener Sprünge gemacht, wie man sie oft beobachten kann, etwa bei Erwärmung einer Flüssigkeit, die nicht allmählich in gasförmigen Zustand übergeht, sondern die bei erreichtem Siedepunkt sogleich verflogen ist. Der Bart des älteren Bruders hatte sich in silbergrauen Eispaketen kristallisiert und als Umrahmung eines schönen, rotwangigen Gesichtes, als Bestandstück eines wohlgepflegten Äußeren war er ein Element der lichteren Welt. Man sagte von Herrn Valenta senior, er sei von religiösem Wahn befallen und während er neben dem Bruder stand – niemals sprach er zu Renato auch nur ein einziges Wort – währenddessen hielt er den Blick an den Himmel geheftet, und man mußte glauben, er sähe dort die Madonna thronen, von musizierenden Engeln umgeben. Übrigens wußte auch Renato nicht, was er zu sagen habe und so blieben denn alle wortlos stehen. Endlich aber schien Herr Valenta senior aus seiner Verzückung erwacht, ganz langsam und noch gleichsam überschüttet von den Zeichen der empfangenen Gnade wandte er sich dem Bruder zu und sagte mit sanftester Stimme: »Na also, gehen wir.« Dann erst setzten sich die Herren in Bewegung.

Wenn Renato zu Hause der Mama erzählte, Doktor Valenta habe nach ihr gefragt, dann pflegte sie zu sagen: »Ein ungewöhnlich gescheiter Mensch.« Und oftmals fügte sie hinzu, er sei in seiner Jugend ein Tänzer und ein großer Verehrer ihrer Tante Melanie gewesen. Die Vorstellung, die sie damit wachrief, zeigte den Doktor, wie er den Riesenkörper vor Tante Melanie, die auf einem Lehnstuhl saß, zu einer leicht angedeuteten Verbeugung zwang, während das durchfurchte bärtige Gesicht von seinem verlegenen Lächeln überzogen war. Der Fortgang der Zeit ist ein Faktum, das wir nicht erfassen wollen und wenn wir in den Photographien vergangener Jahrzehnte kein junges Gesicht zu sehen glauben, dann hat nicht nur die Mode jener Zeit die Schuld, sondern es ist eben auch unser Instinkt der Abwehr, von dem die Optik sich bestimmen läßt. Darum war die Vorstellung von jenen Ballgesprächen, von jener alten Liebelei nicht sehr verschieden von dem Bild, das man sich machen mußte, wenn davon die Rede war, daß Doktor Valenta auch heute noch allabendlich bei Tante Melanie erschien. Nur jenes Element der Aufregung, des unehrlichen Spiels, war aus dem Bild verflogen. Der Doktor tat sich keinen Zwang mehr an. Er ließ sich auch nicht daran hindern, in der Brusttasche seines Pelzes ein langes Salzstangel mit sich zu führen (denn daß das Gebäck, das man bei Tante Melanie bekam, wirklich altbacken sei, darauf konnte man sich, wie er meinte, nicht verlassen). Da er nun die Gewohnheit hatte, auch im Zimmer seinen Überrock nicht abzulegen, geschah es ihm beim Sprechen immer wieder, daß sich das Ende der Salzstange in den Strähnen seines Barts verfing. Hinter seinem Lehnstuhl hatte man auf einem Bücherregal die Bände des Konversationslexikons in peinlicher Ordnung aufgestellt. Doktor Valenta war sehr gebildet und zu allen Fragen, auf die die Rede kam, konnte er Auskunft geben. Kam es aber dennoch einmal vor, daß eine Tatsache, die im Gespräch genannt war, ihn auf eine Lücke seines Wissens stieß, dann scheute er es nicht, sich langsam zu erheben, nach einem Band des Lexikons zu langen und die fragliche Stelle mit lauter Stimme vorzulesen.

Am Dienstag pflegte Miß Florence den Spaziergang mit den Worten abzubrechen: »Heute ist ja Dienstag.« Miß Harrison nickte dann und meinte: »Klavierstunde, das dachte ich mir gleich.« Wenn sie nach Hause kamen, fanden sie manchmal Fräulein Konrad schon im Zimmer vor, wie sie beim Klavier saß, mit einer Hand in den

Noten blätterte und mit der anderen ganz leicht ein paar Akkorde anschlug. Miß Florence war dann immer betreten, denn sie verehrte Fräulein Konrad sehr. Sie sagte, es gäbe auf der Welt niemanden, der besser Klavier spielen könne als sie. Sie war darauf gekommen, obwohl es Fräulein Konrad niemals ausgesprochen hatte, sondern immer nur die diskretesten Formen dafür fand, diese Tatsache erraten zu lassen. Aber Miß Florence begriff es eben ganz und gar. Wenn Fräulein Konrad sagte, sie sei gestern im Klavierabend des Pianisten X. gewesen, dieses Pianisten, den die »Herren Kritiker« so »welterschütternd« fanden, und wenn sie dann hinzufügte: »Das war katastrophal, so dürfte mir kein Schüler in die Stunde kommen«, dann schüttelte Miß Florence in Bewunderung den Kopf und meinte: »Das ist noch nicht da gewesen, daß jemand alles so durch und durch hört wie Sie.« Oder wenn sie gesagt hatte: »So, jetzt werde ich einmal etwas vorspielen«, wenn sie dann in der höchsten Höhe des Diskantes die Passagen hören ließ, von denen sie behauptete, sie klängen wie ein Wasserfall, und wenn sie nach Beendigung des Stückes eine kleine Weile ruhig sitzen blieb, die Augenlider, die aus Leder schienen, halb geschlossen hielt und ihre Stumpfnase in die Höhe gerichtet, dann sagte Miß Florence jedesmal: »Ich finde keine Worte!« Und sie wiederholte immer wieder: »Nein, ich finde einfach keine Worte«, bis Fräulein Konrad die Augen gänzlich schloß. Aber sogleich schlug sie sie wieder auf und wandte sich lächelnd zu Renato: »Siehst du, Renato«. Dann nickte Miß Florence mehrmals mit dem Kopf. Renato hatte bei Fräulein Konrads Spiel nicht sehr gut zugehört. Aber als er sah, wie Miß

Florence und jetzt auch Fräulein Konrad zu nicken begannen und wie sie gewissermaßen schadenfroh erwarteten, daß er mit seinem Klavierspiel angesichts dieser Könnerschaft sichtbarlich einschrumpfen werde, da dachte er sich wirklich, er müsse so gut es ging, seinen Körper zusammenziehen, und zwar nicht so sehr in Anbetracht von Fräulein Konrads Spiel, sondern eher darum, weil die beiden Fräulein das so von ihm erwarteten.

Allerdings wußte Renato von Helene Pauer, daß Fräulein Konrad sein Spiel sehr lobe, daß sie sagte, er sei ihr bester Schüler. Auch den Eltern gegenüber schien sie von seinem Spiel entzückt zu sein. Darüber freuten sich die Eltern sehr und an den Abenden, an denen ein Fremder zu Gast war, sagten sie, Renato solle ans Klavier gehen und solle spielen, die Mazurka von Chopin oder das Frühlingslied von Mendelssohn. »Großartig«, sagte dann der Gast, »erstaunlich für dieses Alter.« Miß Florence aber pflegte nachher immer zu bemerken: »Na, Gott sei Dank, da haben sie wieder eine Gelegenheit gehabt, mit dir zu prahlen.« Und sie erinnerte gerne an den Nachmittag bei Tante Melanie, da man ihn aufgefordert hatte, vorzuspielen. Doktor Valenta habe nachher gefunden – so hatte sie es vom Hausfräulein gehört – er spiele gar nicht gut. »Das ist nur so künstlich großgezogen«, habe Doktor Valenta gesagt.

So sehr aber Fräulein Konrad vor Helene, vor den Eltern von Renato schwärmen mochte, Miß Florence gegenüber lobte sie ihn nicht. Zu Miß Florence sagte sie, die Stunden seien ein Martyrium. »So etwas Unaufmerksames, wie diesen Jungen, findet man nicht leicht«, so sprach sie immer wieder. Und wenn Renato beim

Spielen einen Fehler machte und wenn der Fehler sich wiederholte, dann ließ sie ein Stöhnen hören, so wie es offenbar Prometheus hatte vernehmen lassen, der in den »Sagen des klassischen Altertums« auf jener Federzeichnung zu sehen war, die mit der Abbildung des angstverzerrten Gesichtes, des wirren Barthaares, das voller Ungeziefer schien, und mit den dünn schraffierten Geierflügeln die Grauen des Buches, des gelbgewordenen glänzenden Papiers und des alten schwarzen Einbands unermeßlich steigerte. Fräulein Konrad stöhnte und behauptete, eine solche Stunde verursache ihr eine Migräne, an der sie tagelang zu leiden habe.

In der Stunde sagte Renato gern, er habe Durst und müsse sich ein Glas Wasser holen. Wenn er die Küche betrat, dann sah er die Köchin, wie sie in einer Ecke auf einem niedrigen Schemel saß und mit Hilfe einer silbergeränderten Brille, deren langgezogene Ovale auf dem unteren Ende ihrer Nase ruhten, in ihrer eigenen Zeitung las. Auch wenn Herr Knobloch in der Küche stand, um mit ihr – wie die Mama es sagte – »hohe Politik« zu treiben, dann legte sie das Blatt nicht aus der Hand, sondern über die Zeitung und über die Brille hinüber sah sie zu Herrn Knobloch auf.

»Ich habe immer gesagt, nur die Artillerie kann es machen«, meinte er. »Bei uns bauen sie Kanonenrohre, die sind 30 Zentimeter dick, in Deutschland haben sie 42 Zentimeter dicke. Aber Kavallerie muß auch sein. Da müssen Sie nur denken, was so eine Schwadron alles zusammenreiten kann.«

»Sie brauchen jetzt die Pferde zum Essen«, sagte die Köchin.

»Noja, noja, da haben Sie recht«, erwiderte Herr Knobloch schmunzelnd. »Sie schlachten jetzt auch schon Kaninchen und neulich hat ein Fleischer einen Hund verkauft.«

»Das Brot wird auch immer teurer«, meinte die Köchin.

Herr Knobloch nickte: »Und wie das jetzt mit den Brotkarten sein wird, das weiß man auch nicht.«

Die Köchin fuhr auf: »Aber ich bitte Sie, wer viel Geld hat, der wird immer zum Essen haben, das verschaffen sie sich schon. Aber das Volk, das Volk, das ist eine Misere. Wie sie sich anstellen müssen, um ein bißchen Zucker, wenn sie es überhaupt bekommen oder kaufen können.«

»Noja, noja«, sagte Herr Knobloch, »was sie aber jetzt wieder in Italien unten zusammenschießen, auf diesem Plateau von Doberdo.«

Die Köchin schien gereizt: »Aber das heißt doch nicht Doberdo, das heißt doch Dobaredo.«

»Also meinetwegen Dobaredo. Neulich is in der Zeitung gestanden, daß der Erzherzog Silvator selbst hinaufgegangen is auf dieses Plateau. Voriges Jahr hab' ich auch einen Erzherzog gesehen, wie er hier durch die Stadt gefahren is. Er hat immer salutiert dabei.«

»Ich muß an unsere armen Soldaten denken«, sagte die Köchin. Sie zuckte mit der Nase und wischte sie dann in ihrer Schürze ab. »Was die alles mitzumachen haben. Sie stehen in den Schützengräben und das Wasser geht ihnen bis zu den Knien. Der Mann von meiner Nichte, der hat davon eine Krankheit bekommen, daß er den ganzen Tag und die ganze Nacht schreien muß.«

»Die Soldaten, die zittern müssen«, sagte Herr Knobloch, »wissen Sie, die, was so einen Schreck gehabt haben im Krieg, die was man jetzt mit der Elektrizität behandelt, die tun auch so schrein! «

Die Köchin sah Herrn Knobloch wütend an. »Sie glauben auch immer alles. Da sind viele Schwindler dabei, denen treibt man's eben aus. Das sind die Stimulanten. Aber wenn einem so ein Splitter von einem Scharpnell ins Bein kommt und das Bein wird ihm dann amplotiert, das sind erst Schmerzen. Die müssen erst was schrein. Aber viele gehen auch zugrunde Sie kriegen Brand. Dann werden sie draußen begraben und bekommen nur ein hölzernen Kreuz mit ihrem Namen drauf.«

Fräulein Konrad war böse, als Renato zurückkam. »Daß das so lange dauern muß, wenn man ein Glas Wasser trinkt«, sagte sie. Sie hatte inzwischen einen Band von Czerny vorbereitet. Renato spielte die Etude mit den Zweiunddreißigstelnoten und sah, wie seine Finger ganz von selber liefen. Aber das wunderte ihn nicht, da die Passagen der Czerny-Etude ja nichts Greifbares waren. Sie waren unwirklich, ebenso wie das Gespräch, das die Köchin mit Herrn Knobloch geführt hatte, und wie der Krieg, von dem dabei die Rede war.

Aber plötzlich kam Renato nicht mehr weiter. Denn Fräulein Konrad hatte ihn angefahren: »Wie oft soll ich dir sagen, daß man hier bei diesem C den Daumen untersetzen soll« – und im selben Augenblick war ihm eingefallen, daß auch sein Daumen unwirklich war und daß die Daumen der Soldaten aus derselben Unwirklichkeit bestanden, die Daumen der Soldaten, welche schrien, und jener, die begraben wurden, nachdem ihr

Körper im Feldlazarett ganz braun geworden war. Aber um so erschreckender war jetzt der Anblick ihrer Schreie, da man diese als große langgestreckte Fischblasen in der Luft neben dem Karbolgeruche hängen sah und gar nicht wußte, wo sie hingehörten.

»Es ist furchtbar«, sagte Fräulein Konrad, »immerfort bleibt er stecken.«

Sie war nervös und klapperte mit dem Bleistift auf der oberen Kante des Klaviers.

II

Renato sagte sich, es sei sinnlos, wie Miß Florence ihn in der lateinischen Grammatik überprüfte. Professor Brischta fragte nämlich in der Schule immer nach ganz anderen Dingen. Allerdings fiel es Renato niemals ein, darüber nachzudenken, ob in der Übersetzung, die Professor Brischta haben wollte, in den Formeln, deren Kenntnis er verlangte, ob es hier noch einen Sinn zu finden gab. Aber vielleicht dachte Professor Brischta selbst an keinen Sinn dabei. An einem Tage nämlich fand er eine Übersetzung mit drei Fehlern ausgezeichnet, am anderen Tage aber war er schon über einen einzigen und kleinen Fehler sehr empört. So konnte man wohl glauben, daß eine bestimmte Bedeutung der lateinischen Sätze ihm nicht vor Augen stand.

Soukup allerdings gab eine andere Erklärung. Er sagte, Professor Brischta lebe in unglücklicher Ehe, und alles hinge immer davon ab, wie ihn seine Frau gerade an dem Tage behandelt hätte. Man weiß, daß die Kanäle, durch die eine solche Kenntnis ihren Weg genommen hat, für gewöhnlich ganz im Dunkeln liegen. Aber man sollte nicht vergessen, daß, je weniger wir über diesen

Weg zu sagen wissen, die Wahrheit eines Faktums um so stärker wächst (die subjektive, die geglaubte Wahrheit und vermittels eines ebenso undurchsichtigen Rückweges manchmal auch das, was man in solchen Fällen allenfalls die objektive Wahrheit nennen kann).

Man kannte Frau Professor Brischta und sah sie manchmal, wie sie um die Mittagszeit vor dem Gymnasium in großartiger Blondheit auf und ab schritt, mit einer Ungeduld, die selbstverständlich schien bei einem Gang zur Schule, bei einem Weg, den eine Persönlichkeit wie die ihre als nichtige, unwürdige Angelegenheit betrachten mußte. So kam es, daß man an sie dachte, wenn man auf einem Buchtitel in einem Ladenfenster oder auf den Plakaten der Kinematographen von der »Dämonie des Weibes« las. Man dachte an ihr blaues Kostüm, an ihren großen Hut und dachte auch an ihre Blicke, die, wenn sie sie entsandte, wie furchtbare silberne Zauberstäbe in ihrem Umkreis die Dinge zu berühren schienen. Am Schulausflug, zu dem Frau Brischta mitgekommen war, da bemerkte man freilich, daß sie viel kleiner war, als es von der Entfernung her erschien, bemerkte die krebsrote Haut im Ausschnitt ihrer leinenen Bluse und sah auf einer ihrer etwas dicken Backen eine Warze, aus der ein Haar herauswuchs. Sie sprach im übrigen wie irgendeine andere Frau von Aprikosenkuchen und vom schönen Wetter (sie sagte »Abrigosenguchen« und sagte »schenes Wedder«). Aber trotzdem hatte man die Dämonie nicht unterschätzt. Ja fast schien es, als habe die Dämonie sich jetzt erst – da man sie zwischen zerbrochenen Kochtöpfen hervorschießen sah, vorbei an Haarentfärbungsmitteln und an hartgewordenem Käse –, als habe sie sich jetzt erst in ihrer eigentlichen Macht entschleiert.

Professor Brischta dachte an die Frau, wenn er zu Beginn der Stunde schweigend am Katheder saß. Unter seinem kleinen, dunklen Schnurrbart hielt er den Mund geöffnet und schlug mit der Hand in regelmäßigen Abständen auf eine Wange auf, so daß sein Zwicker jedesmal erzitterte. Die Dämonie hatte sich wie eine Nebelschicht auf seinen Geist gesenkt, sie, die die lateinischen Vokabeln nach eigenem Gutdünken in seinem Kopfe tanzen ließ und auch die Ordnung der guten und schlechten Noten in seinem Taschenbuche regelte.

Professor Brischta, immer mit den eigenen Gedanken beschäftigt, hatte auch seine eigene Art zu sprechen. (So stieß er jedes Wort für sich heraus, wobei er dann immer sehr hastig seinen Mund verschloß.) Manchmal sah man ihn am Ende des Ganges stehen. Er stand mit eingeknickten Knien und die Halbkugel seines schwarzen Hutes saß schräg auf seinem Hinterkopf. Er hatte den einen Arm erhoben, bewegte den Zeigefinger auf und nieder und während er mit dem Rhythmus dieser Bewegung die Worte »Galerie frei« hervorstieß, blickte er in eine unbestimmte Ferne.

Aber das sollte vielleicht ein Scherz sein, so wie es offenbar ein Scherz war, was er nach Beendigung des Unterrichtes tat. Da die Lateinstunde nämlich jedesmal als letzte Stunde den Vormittag beschloß, so war es seine Sache, das Klassenbuch ins Konferenzzimmer zu bringen. Zum Tragen des Klassenbuches nahm er sich nun immer einen Schüler mit. Dieser aber – meist war Renato für die Funktion bestimmt –, dieser mußte sich auf dem

Weg ins Konferenzzimmer in bestimmtem Abstand von ihm halten, so daß die beiden, der Professor und der Schüler, wie ein Priester und ein Ministrant, mit dem Sakrament des Klassenbuches die Gänge und das Stiegenhaus durchschnitten.

Hatte Miß Florence in der Nähe der Schule zu tun, dann kam es vor, daß sie Renato abholte. Sie hielten sich dann meist in dem kleinen Papiergeschäft von Frau Zuleger für eine Weile auf. Der Raum war fast zur Gänze von Frau Zulegers Gestalt erfüllt, die mächtig und mit Erkenntnis der höheren Ratschlüsse begabt die »Lehrbehelfe« hergab, die Lineale kannte, die Professor Weinzierl sich wünschte und die Hefte, die man für Professor Brischta brauchte, an die Schüler immer das Richtige verteilte, ohne einen Widerspruch zu dulden. Miß Florence aber genoß die Freude, den Bannkreis des Offiziellen zu durchbrechen. Sie stand mit Frau Zuleger auf privatem Wege gut, und Frau Zuleger zeigte ihr die Feldpostkarten, die ihr Sohn aus Rußland schickte. »Das ist etwas Schreckliches«, sagte sie, »dieser Winter in Rußland«, und sie ließ Miß Florence die Pappendeckelschachtel mit den Liebesgaben sehen, die sie an ihren Sohn verschickte, die wollenen Socken und die Salamiwurst. Manchmal kam von der Front nur eine rote Karte mit vorgedrucktem Text: »Ich bin gesund und es geht mir gut«, stand da zu lesen. »Sie dürfen nicht selbst schreiben«, sagte Frau Zuleger, »ich weiß nicht warum, ich glaube, damit der Feind auf nichts daraufkommt.«

Frau Zuleger hatte noch über vieles andere zu klagen, über Dinge, die sie vor Renato nicht nennen wollte oder deren Zusammenhang Renato nicht verstand. Aber auch

Miß Florence gab zu verstehen, daß ihrem Leben Feindliches entgegenstand. »Sie wissen ja«, sagte sie zu Frau Zuleger, und wenn die beiden sich dann ansahen, ein wenig ihre Köpfe bewegten und hin und wieder den Blick auf Renato senkten, dann dachte sich dieser, die Eltern seien wohl der Grund für die Klage der Miß Florence und hätte am liebsten etwas dazu getan, um sich hier im Laden der Frau Zuleger unsichtbar zu machen.

Aus dem Wohnraum war manchmal ein Klavier zu hören. Es klang, als schlügen die Hämmer auf gläserne Platten. Fräulein Zuleger, die Tochter, war die Spielerin. Sie hatte auch bei Fräulein Konrad Stunden gehabt und unterrichtete jetzt selbst. Aber war Fräulein Konrad eine gute Lehrerin, so war Fräulein Zuleger sicherlich eine schlechte. Fräulein Konrad übrigens erinnerte sich kaum an sie. »Ach die«, sagte sie und schaute in die Luft, »na ja, die hat eigentlich gar nicht bei mir gelernt, sondern bei einer Schülerin von mir.« Manchmal erschien Fräulein Zuleger hinter dem Ladentisch. Sie hatte dunkle Augen in einem farblosen Gesicht. Miß Florence sagte, daß Renato ein Schüler Fräulein Konrads sei. Fräulein Zuleger nickte und während sie Renato ansah, dachte sie sich fraglos etwas, das treffend war und wenig vorteilhaft für ihn. Renato selbst aber war angesichts Fräulein Zulegers verstummt, die alle Majestät ihres wässrigen Gesichtes, ihres traurigen Zimmers und ihres schlecht bezahlten Unterrichts um sich verbreitete.

Namentlich für die Mathematikstunden Professor Weinzierls gab es in Frau Zulegers Geschäft viel einzukaufen. Professor Weinzierl verlangte, daß man ein Reißzeug in die Schule bringe, kleine, mittlere und große Lineale, ein kleines und ein großes Dreieck. »Das ist unerhört«, sagte einmal eine von den Müttern zu Miß Florence, »der glaubt, man ist aus Geld gemacht.« Aber Professor Weinzierl war unerbittlich und durchdrungen von der Würde der Mathematik. Er war so überzeugt von ihrer Hoheit, daß er sich bei der Vorführung einer neuen Rechenweise gar nicht darum bekümmerte, ob die Klasse mitkam oder nicht. Und wenn er dann einen nach dem anderen der Schüler, dieser »schmierigen Kerle«, wie er sie nannte, sich mit einem »Nichtgenügend« setzen ließ, dann geschah es, daß jedesmal, wenn er die Note eintrug, ein Lächeln seinen spitzbärtigen Magierkopf erleuchtete.

Professor Weinzierl war auch ein großer Patriot. Er leitete die Schülersammlung für die Kriegspatenschaft, die Blindenfürsorge und für das Rote Kreuz. Er nahm auch Zeichnungen für die Kriegsanleihe entgegen. Es gab Schüler, die behaupteten, er bringe die Noten, die er gab, mit der Höhe der patriotischen Leistung in Zusammenhang. Professor Weinzierl war es übrigens auch, der die Metallsammlung eingeleitet hatte. Denn die Armee, so sagte er, brauche jedes Metall, Kupfer, Nickel, Bronze (das Wort Bronze wußte er mit seinem tiefen Baß in französischer Vornehmheit auszusprechen), das alles solle man bringen. Frau Martin ließ in der Küche zwei Kupferröhren abnehmen und Renato trug sie ins physikalische Kabinett. Dort wurde alles aufgestapelt und zum Schluß wurde Professor Weinzierl mitten in seiner Zauberwelt photographiert. Kochtöpfe, Lampenschirme,

Zuckermörser und auch das Regiment von kleinen Gegenständen, von Tintenfässern und Türklinken, das alles lag am Boden oder war auf den Tischen des physikalischen Kabinetts gruppiert, er selbst stand aufgerichtet im Zentrum des Bildes und übersah das Ausmaß des Geleisteten, während im Hintergrund die physikalischen Apparate, eng aneinandergedrängt, es nicht vermochten, mit ihrem schattenhaften Alltagsdasein diese Festlichkeit zu stören. Die Ansicht, daß man durch patriotische Beiträge das Wohlwollen Professor Weinzierls erlangen könne, schien übrigens durch diese Sammlung widerlegt. Denn Fiala hatte einen großen Topf aus reinem Nickel mitgebracht und Professor Weinzierl kündigte ihm trotzdem ein »Nichtgenügend« für das Halbjahrszeugnis an. So kannte man sich also dennoch in den Klassifizierungen Professor Weinzierls nicht aus.

Anders aber war es bei Professor Piller. Hier stand es nämlich fest, wer gute Noten zu bekommen hatte. Professor Piller hatte seine »Protektionskinder« und wenn einer von diesen in der griechischen Übersetzung stekken blieb, dann gab es eine Stille, während welcher niemand wußte, was geschehen solle. Professor Piller zwirbelte die Enden seines Schnurrbarts hoch, verschränkte dann die Arme und ließ die geschwungene Nase seines Kürassiergesichtes von der Seite sehen. Er zeigte seine schöne Rittergestalt, die aus einer längst vergangenen Epoche aufgestiegen schien. Aber wenn er mit den Anfangsgründen des Griechischen so behutsam vorging, daß man alles wußte, ohne zuzuhören, wenn seine Bewegungen so langsam waren, daß man sich sagen konnte, man habe niemals solche Müdigkeit gesehen, dann war es eben klar, daß in dieser Ritterfigur bei aller Stattlichkeit nur noch ein letzter Rest der alten Säfte sich erhalten hatte. Es war ein Rest, wie man ihn bei aller äußeren Monumentalität eben nur als Rest bemerkt, wenn man eines der Schlösser des ausgehenden Mittelalters betritt – das Geschlecht der Besitzer ist ausgestorben, ist verarmt oder hat das Kastell endgültig als Wohnsitz aufgegeben, das Mobiliar ist ausgeräumt, der Posten hat den Wartturm für immer verlassen und im grasbewachsenen Hofe hört man die Grillen zirpen und sieht eine Gruppe von Gänseblümchen in der Sonne stehen. Ein solcher Rest von Ritterpracht hatte sich aber eben dennoch in der Gestalt des Lehrers erhalten. Und hatte sich auch alle Kampfesfreude in die Sätze des griechischen Lehrbuchs geflüchtet, das von der Wache sprach, die vor dem Zelte steht, so sah man trotzdem manchmal einen schwachen Schein in Professor Pillers Gesicht, so, wenn er mit gedämpfter Stimme ein oder den anderen griechischen Satz ins Deutsche übersetzte, wenn er etwa sagte: »Die Tugend bringt Ehre.« Welche Tugend war es, von der er sprach? Und welche Ehre? Seine Rittertugend? Seine Ritterehre? Ob er noch heute daran dachte, wer vermochte das zu sagen? Innerhalb seines großen unbeweglichen Gesichtes waren die schwarzen Augen mitunter plötzlich erleuchtet. Aber der Glanz war wieder bald verloschen und dann konnte man aus dem Schulhof das Aneinanderschlagen zweier Bretter hören oder das Klirren der Flaschen, die vor der Mineralwasserhandlung abgeladen wurden.

Wenn der Schultag mit Professor Pillers Unterricht

begann, dann war die Annehmlichkeit der Morgenruhe um eine Stunde fortgesetzt. (Eine Annehmlichkeit, die wir in der Morgenruhe, nebenbei gesagt, gerade dann empfinden, wenn ein schwerer Tag vor uns steht, einer jener Genüsse, die um so stärker werden, je schwankender der Boden ist, auf dem sie sich befinden. Aber wer weiß, vielleicht sollte man in diesen Genüssen gar keine Besonderheit erblicken. Vielleicht gibt es in der Tat keinen anderen Genuß und keine andere Freude. Denn unsere Ängste sind in ihrem unterirdischen Wirken offenbar nicht auszuschalten. Und so ist es vielleicht nicht sinnlos, neben der Verzweiflung nichts anderes als einen schwächeren und stärkeren Wachheitszustand anzunehmen, einen schwächeren, in dem sich unsere Liebe und unsere Ängste in einer gewissen Gleichgültigkeit befinden, und einen stärkeren, in dem sich diese Möglichkeiten anzuspannen scheinen. Und so ist es mit der gesteigerten Liebe, vielleicht auch die gesteigerte Angst, die Angst vor einer bevorstehenden Lebenskatastrophe, die Angst vor der Möglichkeit einer Millionen Jahre währenden Leere, in die wir mit unserem bevorstehenden Tode einzutreten haben, es ist vielleicht auch diese Angst, die unser Wort vom Glück umspannt.)

Manchmal sagte sich Renato freilich, daß er glücklich sei. Er sagte es sich, wenn er am Morgen erwachte und sah, wie es noch im Zimmer dunkel war. Vor den Fenstern machte schon eine vereinzelte Elektrische ihren Bogen, und ihre Geräusche, das Anschlagen der Glocke und das Kreischen der Räder in den Schienen, breitete sich für eine kurze Weile auf dem Untergrund der Leere und der Dunkelheit des Platzes aus. Einmal stand Renato um diese Stunde auf und da bekam er das Glück so körperlich zu spüren, wie es ihm noch niemals widerfahren war. Er stellte sich ans Fenster und durch die Rollläden hindurch konnte er hinausgehen. Auf der gegenüberliegenden Seite, mitten innerhalb der schwarzen Häuserreihe, war ein Laden mit Viktualien sehr hell erleuchtet. In der Entfernung waren die Dimensionen des Bildes stark verkleinert, die ausgestellten Kohlköpfe, die Äpfel und die Birnen, die Frau, die mit einer Waage hantierte, das alles war zur Winzigkeit zusammengeschrumpft, war aber zugleich in seiner Plastizität, die offenbar in diesen kleinen Körpern eingeschlossen um so stärker wirksam war, gesteigert. Renato sah die farbigen Früchte in ihrer schönen und bedauernswerten Spielzeugexistenz, er sah die Frau, wie sie langsam und gleichmäßig im Laden herumging – eine andere Frau kam trotz der frühen Stunde schon herein, kaufte etwas ein und steckte den Gegenstand langsam in ihre große schwarze Tasche –, und dieses Bild in seiner gewissermaßen ländlichen Selbstzufriedenheit war so schön eingebettet in die Straße, deren nächtliche Ruhe und Finsternis in dieser Morgenstunde um so kostbarer erschien, daß Renato nicht wußte, was er zu beginnen habe. Er sprang ins Bett zurück, so daß die Federn einen Ton von sich gaben und das Messinggestell zu klirren anfing.

Aber die Dunkelheit des Zimmers und der Gesang der Straßenbahn draußen auf dem Platz, das alles war nicht wirklich da, wenn Renato am Morgen beim Erwachen plötzlich bemerkte, wie alle seine Glieder sich in die verschiedensten Richtungen verstreut hatten, und wenn dann beim Einsammeln der einzelnen Körperteile ihn die Frage erschreckte, ob das, was er zusammenfügte, auch ein Mensch unter den anderen Menschen sei. Das, was er dann zu sehen bekam, war allerdings im Augenblick verschwunden. Und wenn er dann darüber nachdachte, was das Erschreckende gewesen war, das er gesehen hatte, dann wußte er nur soviel – wußte es ganz schwach (»mit schwächster Erinnerung«, so hätte man vielleicht gesagt) und ganz schwach war dann auch wieder der Schrecken zwischen seinen Rippen da –, nur soviel also wußte er, daß er sich selbst in diesem Augenblick unendlich groß erschienen war. Er war so groß gewesen, daß alle anderen Menschen, die ganz wie er selbst, sich »Ich« zu nennen pflegten, in dieser Größe untergebracht waren und sogar so viel Platz gefunden hatten, daß sie alle nur wie eine dünne Sandschicht (und er selbst als kleines Wesen unter ihnen) den Boden dieses Raumes bedeckten, während über ihnen (also über ihm und zugleich auch in ihm selbst, dem großen Wesen) sich ein unendlich ausgedehnter Hohlraum wölbte.

Wenn Miß Florence dann beim Frühstück saß und nach der Marmelade griff – sie sagte allerdings, das sei gar keine Marmelade und sprach von einer unvorstellbaren englischen Sache, die sich aus ganzen Früchten zusammensetzte –, wenn sie das Messer in dünnen, gespreizten Fingern hielt, um ein wenig von der Masse langsam auf das Brot zu streichen (sie blickte wieder vor sich hin, während dieser kleinen englischen Feierstunde, die herüberzuretten ihr gelungen war), dann sah Renato, daß sie gar nicht ahnte, daß es zwischen ihm und ihr und hinter ihrem Rücken eine Wahrheit gab und daß man auch an diese Wahrheit denken konnte (ohne sie allerdings gerade dann wiederfinden oder gar festhalten zu können).

Im Winter war, wenn man in die Schule kam, im Klassenzimmer die Gasbeleuchtung angezündet. Man hatte Zeit und Renato dachte oft noch nicht daran, mit dem Lernen der griechischen Vokabeln zu beginnen. Aber wenn Felix Bruchhagen das Klassenzimmer betrat – er blieb oft für ein paar Augenblicke in der Tür stehen und sein Profil zeigte sich auf dem Untergrunde jener Dunkelheit, die draußen am Gang durch das schwankende Licht der Stichflamme nur an vereinzelten Stellen verdünnt erschien –, dann ließ Renato manchmal auch die griechischen Vokabeln endgültig liegen.

Miß Florence liebte Felix nicht. »Ein ungezogener, ein frecher Junge«, war ihre ständige Redensart. Und zu Frau Martin sagte sie: »Dieser Schulkollege ist ein schlechter Einfluß für Renato.« Dann pflegte die Mama bedeutungsvoll zu nicken. Gewiß, sie hinderten ihn nicht daran, zu Felix hinzugehen und ihn auch einzuladen. Aber hatte es sich getroffen, daß der Papa beim Nachhausekommen ihm zufällig im Stiegenhaus begegnet war, dann trat er mit einem Lächeln, das ihm offenbar fein erschien, ins Zimmer und sagte: »Aha, das war der Bruchhagen.« Und sagte Renato darauf: »Ja, ja, Papa, das war der Bruchhagen, der hat schon riesig viel gelesen«, dann schien Herr Martin auch durch diese

Eröffnung nicht umgestimmt zu sein und ohne ein Wort zu erwidern griff er nach der Abendzeitung. Die Armen, im Grunde genommen mußte man sie wohl bedauern, sie, die gegenüber einer solchen Erscheinung unempfindlich blieben, in deren Augen Felix nichts anderes war, als einer von den »Kameraden«, die zu Renato kamen, ganz einfach ein Schulkollege, so wie der Fiala, der Pollak und der Zimmermann.

Aber wenn Miß Florence sagte: »Der Bruchhagen, der wird schon dafür sorgen, daß du alles weißt, was ein Junge nicht zu wissen braucht«, dann irrte sie sich sehr. Sie wußte nicht, daß die Dinge für gewöhnlich nicht nur einfacher sind, sondern immer zugleich auch komplizierter, als wir es uns jeweils denken.

Denn in der Schule sagte Felix immer: »Wir dürfen den Martin nicht verderben.« Dann pflegte der dicke Pick zu lachen und die anderen, der Woska, der Krebs, der Soukup lachten mit. Aber auch die übrigen sprachen es nach und sagten: »Der Martin darf nicht verdorben werden«, und selbst beim dünnen Pick kam es vor, daß er auf eine Frage Renatos hin, nur schweigend eine Geste machte. Es sollte die Geste eines Menschen sein, der lächelnd zu verstehen gibt: »Ja, dieses Geheimnis darf ich nicht verraten.« Aber mit der Bewegung, die der dünne Pick mit seinen Händen fertigbrachte – es sah aus, als wolle er mit dem Handrücken einen Gegenstand zur Seite schieben – und mit dem Lächeln, das er seinem Pferdegesicht aufzwang, gelang es ihm nicht, die Geste nachzumachen. An anderen Tagen freilich konnte Renato zum dünnen Pick von »Freischütz« oder von den »Meistersingern« sprechen, ganz wie Felix von solchen Dingen sprach, und wenn der andere beim Zuhören den Kopf hinunter neigte und eine Handbewegung machte, die ungezwungen aussehen sollte, dann konnte sich Renato sogar sagen, der dünne Pick bewundere ihn jetzt.

Der dicke Pick dagegen hatte für die »Meistersinger« nicht viel Interesse. Er hatte vor dem Gymnasium zwei Klassen der Bürgerschule absolviert, hatte überdies im Gymnasium schon eine Klasse wiederholen müssen und eine unbestimmte, aber große Zahl von Jahren hatte ihm, dem Ältesten der Klasse, wie einem Baumstamm die Schichten ihrer Altersringe um den Leib gelegt. So saß er hinter Renato in der letzten Bank, angefüllt mit der Materie der verlorenen Jahre, die um so angsterregender schien, als sie verborgen war, und an die Oberfläche dieser Welt nichts anderes entsandte als ein leichtes, helles und heiseres Lachen (das jedesmal auf seinem Weg das rötliche Gesicht des dicken Pick ein wenig röter färbte).

In den Stunden sprach Renato mit dem dicken Pick und sprach so viel mit ihm, daß Professor Brischta sagte, er werde Professor Piller, dem Klassenvorstand, nahelegen, einen von den beiden an einen anderen Platz zu setzen. Einmal sagte Professor Brischta zu Renato: »Der Pick, Ihr Freund«, und er machte ihn damit für einen Augenblick so traurig, wie wir uns alle fühlen müssen, wenn wir uns plötzlich und, so oft es auch geschieht, mit neuer Überraschung dem menschlichen Mißverständnis gegenüber stehen sehen, der Überschätzung oder der Unterschätzung einer Person, einer jener ungezählten falschen Vorstellungen, mit denen die Menschen leben, um sie mit ins Grab zu nehmen. So glaubte Professor Brischta von Renato, daß es ihm möglich sei, das Leben eines Fabelwesens wie des dicken Pick in seinem geheimen Königreich zu teilen und glaubte allerdings zugleich, daß er die Schrecken des Abgrundes, dem der dicke Pick entgegentrieb, nicht sah.

Dachte man an diesen Abgrund nun – so unbestimmt er auch erschien –, dann konnte man freilich auch den dicken Pick bedauern, und manchmal glaubte Renato, er könne das Seinige dazu tun, um ihn zu retten. Er glaubte dann, er könne ihn vielleicht »erziehen«, so wie Miß Florence ihn selbst »erziehen« wollte, wenn sie ihn an den Tagen bestrafte, an denen sie am Morgen gefunden hatte, er habe blaue Ringe unter seinen Augen. Daß er allerdings die Strafe fast nie gerade an jenen Tagen bekam, an denen er das getan hatte, was Miß Florence, »sich unartig benehmen« nannte – an jenen Tagen bemerkte sie für gewöhnlich nichts –, das hatte mit der Sache kaum etwas zu tun. Miß Florence hatte ihre Absicht und Renato hätte gerne dem dicken Pick dieselbe Absicht kundgetan. Er sah die Furchen unter seinen Augen und er sagte (ganz wie es Miß Florence zu sagen pflegte): »Du solltest diese schlechte Gewohnheit aufgeben.«

Der dicke Pick grinste. »Wie meinst du denn das, mit dieser schlechten Gewohnheit?«

Renato hatte Angst davor, der Sache einen Namen zu geben. Darum sagte er: »Ich meine das, was du wahrscheinlich im Bett tust.«

Der dicke Pick aber lachte auf: »Das, was ich im Bett tue. Das ist ja großartig. Im Bett! Der Martin ist ja fabelhaft. Im Bett!« Das Wort Bett schien ihn ungeheuer zu beeindrucken. Und während sein Lachen schon abschwoll, stieß er es immer wieder hervor, in größeren Abständen allerdings und immer leiser, zum Schluß nur noch glucksend und kaum hörbar, so wie das Orchester, das sich nach einem großen Ausbruch langsam beruhigt, das Thema dieses Ausbruches über den Wogen, die sich glätten, gewissermaßen als Nachklang noch einigemal herausstößt, es aber immer leiser, in immer zarteren Instrumentengruppen und immer schüchterner sich hervorwagen läßt, ehe das Ganze endgültig erstirbt.

Aber der dicke Pick kam dennoch nicht zur Ruhe. Er fragte: »Ja, warum soll ich denn diese Gewohnheit aufgeben?«

»Weil du deine Gesundheit damit verdirbst«, meinte Renato. Warauf der dicke Pick sich mit einer gleichgültigen Handbewegung zur Seite wandte. »Die ist schon verdorben«, sagte er.

So erschreckend das nun war, so war es dennoch klar, daß sie sich nicht verstanden hatten. Es hatte wahrscheinlich jeder von etwas anderem gesprochen. Aber wie immer auch das großartige Inferno aussehen mochte, dem der dicke Pick in endlosen Verzückungen verfallen war, so hatte er dennoch seine Gesundheit verdorben. Auch sah man jetzt, daß er sich mit Gelassenheit, ohne jemals ein Wort darüber zu verlieren, auf dem Altar des unbekannten Glücks geopfert hatte, und die dicken Wangen, die starken Lippen seines gedunsenen Gesichtes, durch dessen ganze Oberflächenschicht hindurch eine gleichmäßige rote Färbung sich bemerkbar machte, jede einzelne Parzelle dieses Fleisches hatte sich mit einem Mal als eine wahrhaft kostbare Materie offenbart, in der Magie der verdorbenen Gesundheit.

Wenn Felix bemerkte, daß der dicke Pick oder Woska ihm ein Zeichen gaben, dann folgte er ihnen gleich und ließ Renato stehen; und wenn er dann mit einem von den beiden vor der ersten Bankreihe auf und ab schritt und sich im Lachen an ihn drückte (im Lachen über jene Dinge, von denen er immer zu Renato sagte: »Davon verstehst du nichts, mein Lieber«) – dann sah Renato, daß auch in seinem Gesicht und bis an den Ansatz seines Haares eine kleine Röte aufgestiegen war. Auf die Frage, wer sein Freund sei, sagte Renato freilich immer: »der Bruchhagen«. Aber er wußte, daß er damit eine Vorstellung erzeugte, die zu einfach war.

Allerdings kam es auch vor, daß Felix beim Betreten des Klassenzimmers die anderen nicht beachtete. Er las gerade an einem großen Roman. »›Krieg und Frieden‹ von Tolstoi«, sagte er. »Das ist fabelhaft. Aber vieles darin ist sehr schwer«, fügte er hinzu und sah Renato gar nicht an dabei. Er blickte vor sich hin, gewissermaßen zu einem unsichtbaren Gesprächspartner, der gleich ihm das Buch verstand.

Dann aber wandte er sich wieder zu Renato: »Gestern habe ich ein herrliches Kapitel gelesen«, sagte er. »Der Fürst Bolkonski, das ist ein unerhörter Mensch, weißt du, der stirbt im Krieg gegen Napoleon und wie er zuerst glaubt, daß er stirbt, da sieht er nur den blauen Himmel über sich, der größer und immer größer wird.« Und während er so sprach – er stand an die Wand des Klassenzimmers angelehnt, im Gaslicht, das seine freundlichen Schatten warf –, da konnte man glauben, er selbst sei jener Fürst Bolkonski, der jung und schön im Kriege sterben mußte. So lag er auf der fremden, dunkelgrünen Erde, vor jenen weißen Pferden, seidenen Fahnen, blau und goldenen Uniformen, die ein bunter Malkasten mit der militärischen Helligkeit und Melancholie der napoleonischen Wasserfarben in recht großen Abständen isoliert auf einem breiten Horizonte festgehalten hatte, und mit den schönen aufgeworfenen Lippen, der Strähne Haares, die ihm ins Gesicht gefallen war, dem Blick, der in der Himmelsferne sich verlor, war er so sehr derselbe Felix, der still und wortlos in der Bank sitzen konnte und es einfach über sich ergehen ließ, wenn Professor Brischta seine Reden führte, daß der Held erst mit dem Zucken eben dieser Lippen seine Verkanntheit, sein Leiden und seine Jugend offenbarte, um so die Landschaft mit der Wehmut seines Sterbens zu erfüllen.

Aber »Krieg und Frieden« selbst zu lesen, daran konnte Renato gar nicht denken. »Natürlich«, sagte die Mama, »der Bruchhagen, der liest solche Sachen, das ist gerade das Richtige für euer Alter. Aber wenn man dir sagt, du sollst ›Die Braut von Messina‹ lesen, so hast du selbstverständlich keine Lust dazu.« Dann dachte Renato an den zinnoberroten Schiller-Band, der nichts enthielt als die Skelette kleiner, ängstlicher Buchstaben, die aussahen, als stießen sie klappernd gegeneinander, so wie die Worte, die nur zu klappern schienen und die im Chor gesprochen werden sollten (als wäre es möglich, daß Menschen überhaupt im Chore sprächen). Die grünen Tolstoi-Bände aber standen in der verschlossenen Vitrine. Eine zarte, goldene Zeichnung bedeckte ihre

Rücken, ließ sie ein wenig glitzern in ihren wohlproportionierten, verschlungenen Figuren.

Manchmal betrat Renato am Nachmittag den Raum, in dem sich die Bibliothek befand. Miß Florence war nicht zu Hause. Wenn er den elektrischen Knopf andrehte, dann gab das Knacken des Kontaktes auf der Holzvertäfelung einen starken, hohlen Klang. Das Licht, das dann den Bibliothekraum erhellte, verlor sich allmählich in dem übrigen Zimmer, in dessen Dunkelheit die Möbel sich durch den Geruch von Holz und unbenutzten Stoffen spürbar machten, erstaunlich jedesmal, wenn man nach Tagen diesen Raum betrat, diese fremden, unförmigen Tiere, die hier in solcher Abgeschiedenheit fast immer ungestört ihr eigenes Leben lebten, sich über die Menschen ihre eigenen, wahrscheinlich skeptischen Gedanken machten – ein unbekannter Lebenskreis, mitten in der Wohnung, vergleichbar nur jenen ungeschauten Weltordnungen, von denen die Philosophen sprechen, und die vielleicht in großer Zahl unseren eigenen Daseinsraum und unseren Körper selbst durchschneiden und in denen die größten Massenverschiebungen und diluvialen Katastrophen sich ereignen, während wir nach dem Essen einen schwarzen Kaffee trinken oder in einer illustrierten Zeitschrift blätternd auf dem Sofa liegen.

Unberührt und in ihr eigenes Leben eingesponnen standen die Bücher hinter den Glasscheiben der Bibliothek, und da man sie hier durch Jahre ruhig stehen ließ, hatten sie genügend Zeit gefunden, dieses eigene Leben nach allen Seiten hin in seiner Schönheit zu entfalten. Sie waren nicht aufgezehrt worden von unruhigen Lesern, die aus ihrem Leibe ihre aufgeregten Meinungen herausgerissen hatten, sondern stolz in ihrem jugendlichen, schön geformten Einband standen sie da, wie am ersten Tag, in diesem Raum, wo sie mit den Menschen kaum jemals in Berührung kamen, eine aristokratische Elite, im Vollbesitze ihres Hochmuts, ihrer Ironie und ihres Optimismus.

Und sah man näher hin, dann konnte man bemerken, wie die Bücher, welche Felix lesen durfte, sich in ihrem Einband zu erkennen gaben. Die grünen Tolstoi-Bände, grün, wie die Wälder, an denen der Kanonendonner widerhallte und über die der scharfe Wind herangefahren kam, standen neben einer kompakten Masse dunkelroter Bücher, die die Aufschrift »Zola« trugen. »Zola«, sagte Felix, »der zeigt die furchtbare Wahrheit, Naturalismus nennt man das. Der zeigt uns alles, wie es wirklich ist.« Renato sah die Titel auf den schwarzen Schildern dieser Bücher – »Der Totschläger«, »Der Bauch von Paris« – und er sah, wie diese Schilder einen Durchblick schufen, einen Durchblick in die Nacht des Ekels und jener blutigen Exzesse, die im finstern Glanz der Wirklichkeit erstrahlten.

Renato hätte sich aber auch gewünscht, daß Felix die Hauff-Novellen lese. »Wirklich«, fragte dieser und runzelte die Stirn. »Ich soll das wirklich lesen?« Er kannte sich in allem so gut aus, daß er schon von vornherein wußte, was ihm gefallen würde oder nicht. »Ja«, sagte Renato, »diese Novellen sind wirklich ausgezeichnet.« Aber er war selbst betroffen, während er es sagte. Es klang, als meinte er nur: »Ja, ausgezeichnet, weißt du, wie das, was eben die dummen Erwachsenen ausgezeichnet nennen.« Und er dachte an die Novellen, und sah, wie sie ihn gütig und hilflos anflehten, er möge bei Felix für sie sprechen und wußte, daß es ihm mißlungen war.

Aber eines Tages – Renato hatte inzwischen noch mehrmals zu Felix von den Novellen gesprochen, denn die Vorstellung, ihre schönen Dinge, die Opernfräcke, Sängerinnen und Minister mit sanftem, klingendem Spiel in Felixens Geist einziehen zu sehen und Felix dann zu sehen, wie er sagen würde: »Ja, du hast recht gehabt, diese Novellen sind wirklich wunderbar«, diese Vorstellung war immer wieder vor ihm aufgetaucht – eines Tages nun sagte Felix: »Also gestern habe ich deinen Hauff gelesen.« Aber er fügte nichts hinzu.

Freilich konnte Felix auch sehr nett sein zu Renato. Einmal war er krank und blieb lange von der Schule weg. »Du solltest ihm einen Krankenbesuch machen«, sagte die Mama und sie bewirkte mit diesen Worten jene Verschiebung der Perspektiven, die wir so oft erleben, wenn jemand etwas Unerwartetes gesagt hat, sei es, weil er vergeßlich ist, sei es, weil ihm in einer plötzlichen Anwandlung sein Leben und was er sich vom Leben denkt, nicht schwer zu wiegen scheint oder sei es, weil in einem Umkreis um dieses Leben unbekannte und ihm widersprechende Möglichkeiten liegen (Möglichkeiten, die, wenn wir auch nichts von ihnen wissen, uns dieses Leben dennoch vielleicht erst liebenswert erscheinen lassen). Jedenfalls also sprach die Mama von einem Krankenbesuch und sprach davon, als handle es sich darum, zu Tante Melanie oder zum dünnen Pick zu gehen. Aber indem sie diese »Angelegenheit« wie eine »Formsache«

behandelte, trat gerade dadurch deren Inhalt, der Besuch bei Felix, mit seiner ganzen unbestimmten Schönheit in Erscheinung, so etwa, wie der Name eines großen Schriftstellers uns dann am stärksten in Erscheinung tritt, wenn wir ihn als belanglosen Namen unter den anderen im Telephonbuch figurieren sehen.

Freilich war es gar nicht sicher, was Felix zu einem so unerwarteten Besuche sagen würde. Aber Renato mußte nicht lange in dem Zimmer stehen, in das man ihn geführt hatte. Felix kam ihm bald entgegen. Er kam in einem gelben Schlafanzug, in einer Bekleidung, in der Renato auch an Tagen, an denen er gesund war, nicht durch die Wohnung gehen durfte. Miß Florence pflegte dann zu sagen: »Wenn du dich erkältest, ist das selbstverständlich deine Schuld. Aber wer muß nachher für dich sorgen? Ich natürlich.« Und hatte er wirklich einmal »eine Verkühlung gefangen«, so wie sie es nannte, dann begnügte sie sich nicht allein damit, daß er den Tag im Bett verbrachte, sondern auf ihr Gebot hin kamen ungeahnte Polster und Oberbetten aus unbekannter Örtlichkeit in immer größerer Zahl ans Tageslicht, wurden über ihn geworfen und während in der Glut, die sich auf unbegreifliche Weise steigerte, in unbegreiflicher Weise dem Körper die Verkühlung »ausgetrieben« wurde (so wie in der Glut des Fegefeuers der Seele ihre Sünden ausgetrieben werden), währenddessen standen Miß Florence und die Mama jede an einer Seite des Bettes und in gelassener Haltung überwachten sie als Höllenpförtner das großartige Schauspiel der Vernichtung. Gewiß hatten Miß Florence und Mama ganz recht damit, auf der Erledigung dieser Riten zu bestehen und die Maschinerie, die am Ende des Weltalls stand, billigte ihr Vorgehen und bestätigte es, indem sie die Krankheit ablaufen ließ. Und hätten Miß Florence und die Mama Felix in diesem »Aufzug« gesehen, dann hätte die Maschinerie ihrem Entsetzen zugestimmt, hätte beifällig genickt, wenn sie die beiden sagen hörte: »Das läßt man wild aufwachsen, da sieht man, wozu das führt«, und hätte in schadenfrohem Lächeln hinter einem Gestrüpp von weißem hartem Barthaar eine Reihe großer Zähne sehen lassen. Aber am anderen Ende der Welt stand eine andere Maschinerie, die zwinkerte mit den Augen und freute sich darüber, daß Felix auch in der Krankheit so viel Phantasie bewies, sah wohlgefällig zu dabei, wie sich hier alles so natürlich und ohne allen Aufhebens begab, wie gewissermaßen nebenhin die Hose mit ihren beiden unteren Enden um seine entblößtem Knöchel schlug.

»Das ist fabelhaft nett von dir, daß du mich besuchen kommst«, sagte Felix. Er hatte für Renato einen Lehnstuhl zurechtgerückt und setzte sich selbst ihm gegenüber auf die Kante eines Sessels. Renato sah, daß der Besuch ihn freute. Er schien sich sogar auf dem Sessel nur mit Mühe festhalten zu können. Dann aber lehnte er sich wieder zurück und lachte im Vergnügen an den Äußerungen, die Renato tat.

Renato selbst war überrascht und dachte sich, daß Felix es mit Absicht übersah, wie hilflos er im Wintermantel und mit brennendem Gesicht in seinem Lehnstuhl saß. Auch als er wegging, war er noch erstaunt. Denn er hatte nur von Nebensächlichem gesprochen, vom dünnen Pick und von Professor Brischta, vom Hut, den dieser so schief aufgesetzt hatte, daß er ihm vom

Kopf gefallen war. Aber er hörte sehr bald auf, darüber nachzudenken und mußte bemerken, wie seine Füße ganz von selbst begonnen hatten, sich immer schneller über das Pflaster zu bewegen, zwischen der braunen Häuserreihe und der Reihe schwarzer Bäume, auf dem Weg, an dessen Ende der hellgraue Himmel wie eine verschiebbare Theaterkulisse anzusehen war, wie ein dünner Vorhang, hinter welchem bereits die nächste Dekoration in Purpur und in goldenen Farben vorbereitet stand.

Er sagte sich, daß er am Nachmittag versuchen müsse, Marianne das alles begreiflich zu machen. »Marianne«, so mußte er wohl sagen, »ich habe einen Freund! Einen Freund habe ich, Marianne ... ! « Und er hörte, wie allein dieser Tonfall alles enthielt, wie allein der Klang solcher Worte alles Überraschende dieser Freundschaft in sich beschloß. Nur so würde er zunächst versuchen, Marianne zu zeigen, worum es ging, allerdings würden wohl auch seine Augen in derselben Weise glänzen, in der Felixens Augen glänzten, wenn er von etwas Schönem sprach, und Marianne würde die Sache schweigend und erstaunt zur Kenntnis nehmen und würde noch am Nachhauseweg erschüttert sein bei dem Gedanken, daß es einen solchen Freund und eine solche Freundschaft gab.

Aber Marianne war nicht gut aufgelegt, als sie an diesem Nachmittage in den Stadtpark kam. Das einzige, das sie zu interessieren schien, war ein großer Fisch, der in der Mitte des Teiches immer wieder über die Oberfläche des Wassers sprang. Ein Junge stand am Ufer und warf mit einem Stein nach ihm. Jedesmal, wenn der

Fisch, seinen Körper zu einem Halbkreis gerundet, in die Höhe schnellte, lachte Marianne auf und in den Pausen sah sie immer auf den Teich. Ihr Lachen wurde kräftiger – sie lachte ein wenig rauh, mit unbeweglichem, halb offenem Munde und nur ihr Oberkörper wurde gebeutelt von diesem Lachen, das so klang, wie es bei einem Jungen klingt – schließlich wurde sie so laut dabei, daß der Bursche am Ufer sich umwandte. Aber er sah nur einmal nach ihr hin, griff sofort wieder zu seinen Kieselsteinen, um sie genau wie vordem, in kurzen, regelmäßigen Abständen gegen das Wasser abzuschießen.

Übrigens mußte Marianne auch bald nach Hause gehen. Miß Harrison sagte, sie habe noch Aufgaben zu machen und auch Miß Florence beschloß, den Spaziergang zu beenden. Sie meinte, die Feuchtigkeit »schneide« heute durch die Kleider durch, eine Beobachtung, die Renato niemals ganz verstand. Als sie beim Verlassen des Stadtparks an den großen Platz kamen, fuhr vom gegenüberliegenden Ende her ein Windstoß gegen die Gesichter. Der Wind kam allerdings im Augenblick zur Ruhe und ließ nur eine leichte Wärme an den Wangen zurück, einem bitteren Medikamente ähnlich, das sich mitunter durch einen angenehmen Nachgeschmack zu rehabilitieren sucht. Der Platz war leer, nur an der einen Seite stieß ein Mann einen Handwagen vor sich hin. Man sah, wie die Masse der Häuser unbeweglich stand, wiewohl sich die Erde in rasendem Tempo drehte und nach der Aussage Professor Weinzierls auch mit rasendem Tempo durch das Weltall flog. Aber das kümmerte die Häuser nicht. Unbehelligt standen sie in einer Zeit, die gar nicht ablief und die plötzlich ihre Leere in den Nachmittag gegossen hatte.

Obwohl Marianne bei den Berichten über die schöne Freundschaft recht gleichgültig erschien, so war Renato dennoch froh, als Felix in den nächsten Tagen einmal sagte: »Du gehst immer mit der kleinen Gérard spazieren. Das scheint ja ein reizender Fratz zu sein. Die muß ich mir im Stadtpark von der Nähe ansehen.« Renato freute sich darauf, die Bekanntschaft zu vermitteln, und war dessen sicher, nicht nur bei Felix, sondern auch bei Marianne dadurch an Achtung zu gewinnen.

Immerhin aber benahm sich Felix beim Zusammentreffen ein wenig anders, als Renato es erwartet hatte. Im Augenblick, da er Marianne die Hand reichte, wurde er rot, beim Sprechen verhaspelte er sich hin und wieder und war auch allzu bereit, Marianne in allem recht zu geben. Es war im übrigen erstaunlich, daß er von nichts anderem zu sprechen wußte, als von der Schule, von Fiala und von Professor Brischta, von dem Hut, der ihm vom Kopf gefallen war (ein Ereignis, das er nicht einmal selbst mit angesehen hatte, sondern das er nur durch Renatos Erzählung kannte). Aber Marianne schien das alles nicht zu stören, bei der kleinsten Bemerkung, die Felix hören ließ, war sie bereit zu lachen und niemals vorher hatte Renato sie so viel sprechen hören. (Übrigens schien auch ihr das Reden nicht ganz leichtzufallen, auch sie fand nicht immer das richtige Wort.)

Aber dieses erste Zusammentreffen von Felix und

Marianne, diese kleine Szene behielt Renato trotzdem sehr lange und auch noch in viel späteren Jahren im Gedächtnis. Sie hatte sich erhalten in Gestalt einer jener Momentaufnahmen, die unser Geist vielleicht recht wahllos produziert, deren Aneinanderreihung aber das Album ergibt, das wir gelegentlich durchblättern und das wir für unser Leben halten. Am Ende der Hauptallee, dort wo die Wiese an der einen Seite zu dem kleinen Teich hin abfällt, dort waren sie stehengeblieben. Marianne hatte sich an den niedrigen Drahtzaun gelehnt, halb sitzend, halb stehend und mit den Händen an dem oberen Rand des Gitters aufgestützt. Es war, als habe die Verlegenheit eine dünne Maske über ihrem Gesicht zum Schmelzen gebracht, so daß die leichte rosa Färbung ihrer Wangen zum ersten Mal bloßzuliegen schien. Auch ihre Augen waren von dem Zwang befreit, sich in die Ferne zu richten und so konnte sie den Blick auf Felix ruhen lassen. Den Mund aber hielt sie ein wenig geöffnet, so, als wolle sich ein leiser Kehllaut ihrem Hals entringen, um etwas von dem Unbekannten, das ihr Körper eingeschlossen hielt, geradewegs an die freie Luft zu tragen.

Wenn Felix nach diesem Tage manchmal sagte: »Die kleine Gérard gefällt mir großartig«, oder wenn er sagte: »Gestern hat die kleine Gérard wieder entzückend ausgesehen« – er sagte es, indem er sein Gesicht ganz leicht verkniff – wenn also Felix Marianne lobte, so mußte sich Renato sagen: »Er hat sie durch mich kennengelernt«, und freute sich bei dem Gedanken. Aber die Freude war vorbei, wenn Felix sagte: »Das neue Personenraten habe natürlich ich ihr erst erklären müssen«, oder wenn er meinte: »Deine Galoschen waren gestern wirklich komisch, Marianne hat sich auch darüber sehr gut unterhalten.«

So kam also Felix in den Stadtpark. Er kam nicht regelmäßig und in der Schule fragte ihn Renato immer, ob er am Nachmittag erscheinen werde oder nicht. Aber einmal geschah es, daß Felix ihn nach dieser Frage für ein paar Augenblicke ansah. »Du brauchst keine Angst zu haben«, sagte er schließlich, »ich habe heute keine Zeit.« Renato wußte nicht, was er zur Antwort sagen solle. Aber er stellte seine Frage nicht mehr wieder, und so blieb er dann zumeist im ungewissen, ob Felix kommen werde oder nicht.

Kam er, dann konnte der Spaziergang freilich auch sehr nett verlaufen. Man konnte über das Theater sprechen und Felix suchte Marianne zu erklären, warum die Oper »Walküre« der Oper »Siegfried« vorzuziehen sei, oder warum »Barbier von Sevilla« schöner sei als »Figaros Hochzeit«. Dann geschah es Renato immer wieder, daß an seinen Lidern das ziehende Gefühl auftrat, als wollten die Augen sich mit Tränen füllen. Was gab es schließlich Besseres, als das Bewußtsein, daß sich alles in der Welt so schön zusammenschloß?

Aber im vorhinein war niemals zu bestimmen, wie Felix sich verhalten werde. Denn mitunter fand er es nötig, Marianne mit komischen Erzählungen zu unterhalten. Dann berichtete er davon, wie merkwürdig sich Renato in der Mathematikstunde benommen, daß er gestottert habe, bis Professor Weinzierl es sich nicht versagen konnte, ihn vor der ganzen Klasse nachzumachen. Oder er erzählte, Woska sei auf die Idee verfallen, die Ärmel von Renatos Überrock zusammenzubinden, so daß der Anblick, den dieser beim Anziehen dargeboten habe, ein unbeschreiblicher gewesen sei. Dann sahen sich die beiden an und lachten. Schließlich wußten sie offenbar nicht, womit sie ihre Freude kundtun könnten. So liefen sie denn voran und keuchten zum Spaß mit übertriebener Gewalt, so daß Renato auch von hinten die kleinen Wolken ihrer Atemzüge sehen konnte, ehe sie in der Luft zerstoben.

Unter den Bildern, die Renatos Gedächtnis aus diesem Jahre sich erhalten hat, steht an besonderer Stelle das Bild, welches den Kindernachmittag, an dem Marianne ihre Freundinnen und Freunde eingeladen hatte, illustriert. In Frau Gérards Speisezimmer liegt der Kamin, die Holzvertäfelung und das Buffet im Dunkeln und nur der ovale Tisch ist hell beleuchtet. Die Kinder sitzen, recht weit voneinander entfernt, auf hohen, dunklen Stühlen. Sie sprechen leise und wenn einer von den Knaben sich zurücksinken läßt, so daß seine weiße Matrosenbluse sich mit demselben Kontrast von der Lehne abhebt, mit dem bei den großen spanischen Porträtisten ein helles Gewand auf dunklem Hintergrund erscheint, dann wird man, während er voll Selbstzufriedenheit ein Stück von der Schokoladeglasur im Mund zergehen läßt, im hochmütigen Gesichte des Infanten die Frivolität und die Traurigkeit der frühreifen Jugend und des sinkenden Reiches wiederfinden. Marianne trug an diesem Nachmittag ein Kleid aus schwarzem Samt.

Die gelbe Farbe ihres Halses kam darin mit aller Deutlichkeit zum Vorschein. Den Kopf ein wenig zur Seite gewandt und mit einem gleichmäßigen Lächeln, als sei sie geistesabwesend, gab sie nur mit leiser Stimme Antwort auf die Fragen, welche die Kinder an sie stellten.

Plötzlich war es aber gänzlich still geworden, denn die Türe hatte sich geöffnet und mit der Lautlosigkeit einer goldenen Zauberkarosse kam Frau Gérard hereingeschwebt. Es steht nicht fest, ob sie an diesem Nachmittage wirklich übermäßig reich gekleidet war oder ob es nur der Erinnerung zuzuschreiben ist (die Erinnerung, deren Kräfte in der nächsten Stunde schon die Wirklichkeit durcheinanderschütteln), wenn später in Renatos Augen der Gedanke an Frau Gérards erstmaliges Erscheinen sie an jenem Nachmittag sich in phantastischem Gewande zeigen läßt, als wäre sie mit unendlich vielen kleinen Glöckchen oder mit Christbaumschmuck behangen gewesen, überdies auch als Erscheinung ohne materiellen Leib, so daß die Hand offenbar einen Griff ins Leere getan, gar keinen Körper vorgefunden hätte, wäre einem das Wagnis beigefallen, durch das Flitterwerk hindurchzustoßen. Mit einer Langsamkeit, die das Bewußtsein von der Bedeutung dieser Aktion erkennen ließ, holte sie nun aus, setzte den ganzen Reichtum ihrer filigranen Last in Bewegung, um den Kopf mit seinem blonden Haaraufbau zu senken und auf Mariannens Stirne einen Kuß zu drücken.

Als sie sich wieder aufgerichtet hatte, sagte sie: »Ich hoffe, der Fritz wird uns heute etwas vorspielen. « Über das Wort »vorspielen« mußte Renato erschrecken. Aber nachdem der Tee beendet war und man das Speisezimmer verlassen hatte, war es dennoch ein anderer Knabe, für den das Klavier geöffnet wurde.

Er spielte einen Walzer von Chopin. Renato fragte sich, ob dieses Spiel Fräulein Konrad gefallen würde. Fritz spielte nicht so, wie sie es haben wollte. Aber als nach Schluß des Stückes Frau Gérard ganz bewegt auf ihn zukam, mit der Hand über seinen Kopf strich und sagte: »Sie haben wieder phantastisch viel gelernt«, da mußte sich Renato denken, er habe dennoch gut gespielt.

Auch die Kinder applaudierten, ganz wie im Konzert. »Das ist ja ein großartiger Kerl«, sagte Felix zu Marianne, »das ist ja ein richtiger Virtuose.« »Ja, er spielt fabelhaft«, gab Marianne ihm zur Antwort. Sie sagte es leise, mit einem Kopfnicken und mit einem kleinen Seufzer, so wie viele von den Erwachsenen es tun, die der höchsten Bewunderung und dem größten Entzücken keinen anderen Ausdruck geben, als dem tiefsten Mitleid und der letzten Resignation.

Renato sah den Pianisten an; er stand an die Wand gelehnt, hielt die Arme hinter seinem Rücken verschränkt und während Frau Gérard sehr lebhaft auf ihn einsprach, hob er abwechselnd das rechte und das linke Bein. Er hatte auch die Wange eingezogen, so daß sein Mund wie ein Rüssel anzusehen war, während sich sein Gesicht von der Höhe seiner großen Brillen her nach unten zu zusammenzog.

Felix aber schien von seinem Spiel nicht loszukommen. Mit großen Schritten ging er in der Mitte des Raumes auf und ab und indem er den Blick zu Boden gerichtet hielt, gab er so das Abbild der Überwältigung und der Besessenheit. Vielleicht hatte ihn wirklich die Musik dazu gebracht, vielleicht wollte er sich die Aufregung nur beweisen, vielleicht aber wäre es ihm auch angenehm gewesen, von Fritz und Frau Gérard bemerkt zu werden. Renato versuchte es einmal, ihn anzuhalten. Er mußte freilich fürchten, nur Worte äußern zu können, die alltäglich waren gegenüber dem, was Felix jetzt empfand. Und als er sich dann sagen hörte: »Er hat wunderbar gespielt«, da wußte er sogleich, er spreche nicht das Richtige. Felix gab auch keine Antwort. Und auch als ihn Renato dann noch fragte: »Könnten wir es ihm nicht sagen?«, zuckte er nur mit den Achseln, als meinte er: »Wenn du zudringlich sein willst, kannst du es ja versuchen.« Dann nahm er seine Wanderungen wieder auf.

Gewiß hätte Felix darauf aufmerksam machen können, daß auch Renato spielen konnte. Das »Frühlingslied« von Mendelssohn hätte vielleicht sogar sehr gut geklungen. Auch Marianne hätte zu ihrer Mutter von Renatos Klavierspiel sprechen können. Aber die beiden sagten nichts. Und Marianne hörte es wortlos an, wie ein Junge zu Renato sprach und meinte: »Da staunst du, daß einer so Klavier spielen kann, nicht wahr?«

So kam es, daß der Nachmittag verlief. Vor einer Woche war Renato von Marianne eingeladen worden, vor einer Woche war dieser Nachmittag vor seinen Augen aufgetaucht, eine Stunde, bei der man im voraus sehen konnte, wie sie sich in die Zeit versenkte, ähnlich wie die Stunde der Geburt Christi, von der die Historiker behaupten, von hier aus erst habe die Geschichte vorwärts und rückwärts zu laufen begonnen. Aber nun, da Renato sich mitten in dieser Stunde befand und da nichts Außerordentliches geschah, da es ein Nachmittag war, wie die Kinder ihn sehr oft verbrachten, da schien es ihm wie dem Forscher zu ergehen, der das Innere der Natur ergründen will, dem aber im Fortgang der Erkenntnis nur immer wieder neue Oberflächeschichten sich erschließen. Gewiß, hier sah er nun das Reich, in dem Marianne und Frau Gérard den Tag verbrachten. Doch hatte er beim Betreten des Stiegenhauses, beim Gang über den roten Treppenläufer und beim Eintritt in die Wohnung sehen müssen, wie das Geheimnis immer um einen Schritt zurückgewichen war. Ja selbst im Augenblick, als man die Türe des Salons vor ihm geöffnet hatte, war das Mysterium geflohen und die Fauteuils, das Sofa und die Schränke hatten es schleunigst in ihr Inneres verschwinden lassen. Und die Möbel, die nur mit ihrem glatten Äußeren in Erscheinung traten, standen da wie eine Versammlung von großen Akademikern, die gezwungen sind, einer langweiligen Feier beizuwohnen oder wie Gesellschaftsmenschen auf einem Begräbnis. So schienen hier die Möbel einander zuzublinzeln: »Na ja, wir haben eben heute Kindernachmittag, erst morgen sprechen wir uns wieder.«

Gewiß konnte sich Renato auch noch immer denken, daß das hier alles nur ein Vorspiel sei, bis zu dem Augenblick, da Frau Gérard mit ihrem Zauberschlüssel das Feenreich vor ihm eröffnen würde. Er dachte an den kommenden Augenblick des allgemeinen Aufbruchs und dachte sich, sie würde ihn dann anhalten und sagen: »Ich habe durch Marianne sehr viel von Ihnen sprechen hören. Heute nachmittags wissen Sie, war das ja nichts.

Sie müssen in der nächsten Woche wiederkommen, und zwar allein, dann werden wir uns unterhalten.«

Aber als der Augenblick gekommen war, schien sie gerade von einer kleinen Geistesverwirrung ergriffen zu sein und offenbar war es ihr nicht möglich, sich auf den Moment zu konzentrieren. Denn ganz mechanisch streckte sie ihm ihre Hand entgegen und sagte nichts. Erst als in der Reihe der Kinder Fritz vor sie zu stehen kam, riß sie sich aus ihrer Träumerei heraus. »Ich hoffe, lieber Fritz«, sagte sie, »Sie kommen recht bald wieder, um mir vorzuspielen.«

Zu Hause mußte Renato von dem Nachmittag erzählen. Die Mama fragte nach dem Jungen, der Klavier gespielt hatte. »Wie«, fragte sie, »der Fritz Burda?« Und sie verzog ihr Gesicht, so wie sie es tat, wenn sie einen heißen Bissen in den Mund genommen hatte. »Ach Gott, ach Gott«, sagte sie dann, »ich weiß genau, wer das ist, das ist ein Jammer, das ist ein Elend bei den Leuten! Die Frau Spieß, die wohnt im selben Haus und die erzählt mir immer. Diese Burdas haben dort ein Kellerloch, eine Frau mit vier Kindern, der Fritz ist der älteste und ein Einjähriges ist auch dabei. Die Frau spielt als Geigerin in einem Kino. Und der Junge muß inzwischen auf die Geschwister achtgeben. Er geht sogar einkaufen. Die Frau soll hochanständig sein und der Junge ist anscheinend besonders talentiert. Aber ein Elend muß das sein, ganz furchtbar.« Und dann sagte Frau Martin zum Papa ein paar französische Worte, die Renato nicht verstehen sollte.

Renato war erschrocken und er dachte sich, daß Fritz vor ihm stand, mit einer riesengroßen Brille und mit dem Mund, den er zu einem Rüssel verzogen hatte und sah auch, daß daneben, der Größe nach geordnet, die Reihe der Geschwister stand (»wie Orgelpfeifen«, sagte man in solchen Fällen), sie alle aber hatten dasselbe Gesicht und jedes, auch das Einjährige, trug eine große Brille.

Ein paar Tage später wurde Renato auf der Straße an seinem Ärmel angehalten. Es war Fritz, aber er schien die Freundlichkeit im Augenblicke zu bereuen und drehte sich zur Seite. Renato fragte ihn, ob er schon bei Frau Gérard gewesen sei. »Nein, noch nicht«, sagte Fritz und lächelte dabei, wie einer lächelt, wenn er erzählt, er habe für einen Tag Schule geschwänzt.

So mußte sich Renato denken, daß alles sinnlos eingeteilt sei. Denn er hätte sein eigenes Leben, von dem Herr Knobloch immer sagte: »Der Junge hat sich seine Eltern wirklich sehr gut ausgesucht«, dieses Leben hätte er am liebsten hergegeben, um Fritzens Leben, das die anderen so traurig fanden, dafür einzutauschen. Allerdings war nur für einen Unverständigen die Stube nichts anderes als eine Elendstube, in Wirklichkeit war sie mit einem dünnen Goldstaub angefüllt, dem sichtbaren Zeichen dafür, daß Frau Gérard als Schutzgeist über diesem Orte wohnte. Und hätte er da nun einer von den kleinen Schwestern die Flasche gereicht, dann hätte er dabei an Marianne gedacht, die ihm gesagt hatte, wie sehr sie sich immer auf sein Kommen freue. Und beim Kartoffelschälen hätte er sich plötzlich sagen können: ich bin ein Freund der Frau Gérard. Hätte er aber einmal Zeit, dann liefe er sehr schnell zu den Gérards ins Haus. Der Diener in seiner braunen Joppe würde ihm öffnen, ihn begrüßen und ihn als guten Freund des Hauses dabei mit seinem Namen nennen. Dann würde er ins Zimmer geführt, man würde musizieren und sehr lange miteinander plaudern. Knapp vor dem Abendessen aber, im letzten Augenblicke, würde Frau Gérard ihn fragen, ob er nicht bleiben wolle, es käme noch ein anderer Gast. Und wäre der Fremde erschienen, dann würde sie diesen zur Seite nehmen und ihm sagen: »Kommen Sie mit mir ins Nebenzimmer, ich lasse ihn gerne mit Marianne allein, die beiden verstehen sich so ganz besonders gut.«

Angesichts des Hauses Gérard war die Vorstellung von dem Nachmittage, den Frau Martin für Renato veranstalten wollte, nichts als ein peinlicher Gedanke. Ganz ohne Frage – so dachte sich Renato – würde alles ungeschickt angepackt werden, der Nachmittag in Mariannens Augen nur eine Blamage sein. Da hatte es den Wasserrohrbruch gegeben, im Vorzimmer hatte man an einer Stelle die Verschalung entfernt, die kahle dunkelgraue Wand kam zum Vorschein, es hieß, die Mauer solle trocknen.

Als Frau Martin die Absicht kundtat, die Kinder einzuladen, war darum Renatos erstes Wort: »Aber, Mama, das Vorzimmer ... « Er dachte, Marianne werde gleich beim Kommen einen schlechten Eindruck haben. Aber gegen den Unverstand zu kämpfen, war nicht möglich. Frau Martin lachte einfach auf: »Ich lade ja nicht den Kaiser ein.« Miß Florence dagegen ergriff sogleich die Gelegenheit, sich einzumengen: »Da sieht man wieder einmal, was er im Kopf hat, er will den Vornehmen, den Großartigen spielen. Schämen sollte sich ein solcher Junge, daß er keine anderen Gedanken hat.«

Als dann am nächsten Tag Frau Martin ganz ernsthaft davon sprach, sie wolle jetzt darangehen, die Kinder aufzufordern, da fragte Renato: »Willst du nicht lieber damit warten?« Zur Antwort bekam er aber diesmal nichts als einen Blick, der so lang war, daß angesichts der verletzten Opferwilligkeit, angesichts des Kummers, den die Mama über ihn empfand, der Enttäuschung, die er ihr bereitete, sein eigenes Leben – das ja immerhin auch ein Leben war mit Hoffnungen, Kümmernissen und Enttäuschung –, daß dieses Leben im selben Augenblicke wegzuschwimmen schien. Die älteren Menschen glauben an das seltsame Vorrecht, ihre Leiden – und sind sie auch noch so geringfügig – über die Leiden der Jüngeren stellen zu können. Vielleicht nehmen sie es nur deshalb in Anspruch, weil die Macht in ihren Händen liegt, vielleicht aber auch, weil sie an das Bestehen einer göttlichen Waage glauben, welche die Leiden gegeneinander abwägt und bei der die eigene Waagschale immer das Übergewicht bekommt, belastet von der Tatsache der verlorenen Jugend (der Jugend, die sie so oft nur infolge jenes selben Vorrechtes der vorangegangenen Generationen verloren haben). Renato wandte sich ab und strich mit der Hand durch sein Haar, so wie er es immer tat, wenn die Dinge so kompliziert geworden waren, daß man nicht daran denken konnte, ihrer Herr zu werden.

Übrigens wurde die Vorzimmerwand rechtzeitig repariert. Aber als Renato am Tage der Gesellschaft nach

Hause kam, gab es einen erschreckenden Anblick. Man war daran, zwei lange Tische ins Kinderzimmer zu schieben. Dort also sollte die Mahlzeit eingenommen werden, nicht – so wie es bei Marianne eine Selbstverständlichkeit gewesen war – in einem Wohnraum der Erwachsenen. Miß Florence war erfreut, angesichts Renatos ihren Scharfsinn zu erweisen, sich wieder einmal als »Psychologin« zu zeigen, wie sie sich selbst zu nennen pflegte: »Mir scheint, dir ist wieder etwas nicht recht ... «, sagte sie. Renato aber sah, es wäre zwecklos, etwas zu erwidern. Er sagte auch nichts, als die Mama nach Hause kam, mit Geschenken überladen, die sie lächerlicherweise eingekauft hatte. Gewiß würden es alle komisch und befremdend finden, anläßlich einer Einladung beschenkt zu werden. Was sollten sie auch überdies mit den Geschenken tun? Wie konnte Felix eine Taschenlampe gebrauchen oder Marianne das Briefpapier mit dem Abzeichen des Kriegsfürsorgeamtes? Die Sache war verloren.

Während gegen vier Uhr alle nach und nach erschienen, sah sich Renato vor die Frage gestellt, wie es kam, daß dieser Vorgang klappte. Denn daß für alle vier Uhr die gleiche Stunde war, daß die angegebene Adresse für sie alle ganz genau dasselbe zu bedeuten hatte, so daß sie tatsächlich alle zur gleichen Stunde am gleichen Ort zusammentrafen, das alles setzte eine so erstaunlich funktionierende Maschinerie des Lebens voraus, daß man verleitet war, zu glauben, dieses Zusammentreffen, ja das ganze Leben existiere nicht. Konnte man aber annehmen, das Leben existiere dennoch, dann war die Präzision seiner Mechanismen um so wunderbarer, als es ja kein fest umrissenes Ziel war, das die anderen hier vereint, kein Ziel, welches Objekt eines ihnen allen gemeinsamen Instinktes, eines ihnen allen gemeinsamen Verlangens gewesen wäre, sondern nichts anderes sie hierher führte, als die Erledigung einer unangenehmen Aufgabe, einer gewissermaßen abstrakten Verpflichtung. Sicherlich hatte heute vormittag im Stadtpark oder am Telephon der eine zu dem anderen gesagt: »Wir müssen am Nachmittag dummerweise zu Renato Martin gehen.« Und obwohl es sich also um keine Verlockung handelte, um keinen Ort, der von sich selbst aus die Kraft gehabt hätte, sie anzuziehen und zu vereinen, obwohl sie sich im Augenblick, da sie das Haus verließen, nur sagen konnten: »Wir müssen einer Einladung folgen«, so führte dieser Gedanke dennoch nicht den einen in die eine Straße, den anderen zu einer späteren Zeit in eine andere Straße, sondern zu gleicher Zeit kamen alle in der gleichen Straße, im gleichen Haus, im gleichen Stockwerk an.

Dieses Wunder wurde allerdings bald in den Hintergrund gedrängt, gewissermaßen abgeschwächt, durch ein neues Wunder, das sich zur gleichen Zeit begab, durch die Tatsache, daß der Ort selbst sich transformierte. Renato mußte sich nämlich sagen, es sei vielleicht dennoch nicht so sonderbar, daß sie den Weg hierher gefunden hatten, als er sah, wie sein Zimmer sich zu verwandeln begann, aufhörte, sein Zimmer zu sein, und einfach der Versammlungsort derer geworden war, die hier zusammentrafen. Dort sprach Marianne mit Felix, hier stand Helene im Gespräch mit einem anderen Mädchen. Das alles vollzog sich so, als befänden sie sich irgendwo anders, nicht gerade in Renatos Zimmer. Marianne sah einen Sessel an und setzte sich darauf. Der Sessel hatte aufgehört, Renatos Sessel zu sein, war zu einem Sessel geworden, auf dem Marianne saß. Manchmal glauben wir ganz plötzlich, zu erfahren, daß die Wirklichkeit, die wir mit dem Rohmaterial unserer Sinneseindrücke aufgebaut haben, nur eine zufällige sei und indem wir mit den alten Bausteinen eine neue Wirklichkeit vor uns errichten, so wie wir in einem Kaleidoskop eine neue Figur vor uns erstehen lassen, kommen wir zu dem Genuß, den die Kunst und den die Liebe uns bereitet. Aber der Genuß ist nur ein vorübergehender. Manchmal geschieht es, daß die neue Figur von einer dritten abgelöst wird, meist aber fällt das Bild in die erste, ursprüngliche Figur zurück (sei es, weil die Gewohnheit uns dieses erste Bild wieder aufdrängt, sei es, weil wir erfahren haben, es sei dennoch um ein Grad wirklicher als alle anderen). So begann auch Renatos Zimmer wieder zurückzukehren, in die Gesprächspausen, die jetzt entstanden, hineinzuwachsen und sie mit seiner Plumpheit auszufüllen. Es ist schrecklich, dachte er, sie langweilen sich mehr als ich erwartet hatte. Ganz ohne Zweifel empfand Marianne die Veranstaltung als ungewöhnlich lächerlich.

Zum Überfluß aber kam schließlich Frau Martin herein und wollte das ihrige dazu tun, um die Kinder zu unterhalten. Sie brachte ein Grammophon mit, setzte es in Bewegung und meinte offenbar, die anderen könnten sich darüber freuen. Die saßen entlang der Wände – die Stellung der Sessel, das ganze Zimmer überhaupt war endgültig in Unordnung geraten – und sie wußten offenbar nicht, womit sie sich die Zeit vertreiben könnten. Nach und nach brachen sie dann auch auf, um nach Hause zu gehen. Zum Schluß blieben nur noch zwei ganz kleine Jungen zurück, die sich zu den Klängen des Grammophons am Boden wälzten und einander so lange mit Faustschlägen traktierten, bis ein Kinderfräulein dazwischentrat.

Es war ganz natürlich, daß Marianne am nächsten Tag im Stadtpark über die Gesellschaft nicht ein Wort verlor, daß sie im Gehen wie immer unbeweglich vor sich hinsah und nur gelegentlich die Lippen öffnete, um eine kurze Antwort zu erteilen.

Inzwischen aber war man ganz nahe an die Weihnachtsferien herangekommen. Zugleich kam auch – mit reichlicher Verspätung – der erste Schnee in diesem Jahre. Man hatte an die Möglichkeit schon gar nicht mehr gedacht, aber im letzten Augenblick schien sich der Himmel – er hatte die leere winterliche Erde bisher nur in feuchte Laken eingehüllt – im letzten Augenblick schien er sich zu besinnen, schien aufzubrechen, um mit der Last der weichen Flocken einen ganzen Vorrat an Helligkeit niedertanzen zu lassen und so das Land vor dem Fest zur rechten Zeit instandzusetzen. Der Schnee hatte die Erde versinken lassen und hatte einen freischwebenden Wohnraum geschaffen, der in seiner Künstlichkeit – hin und wieder nur belebt durch die kleine, schwarze Gestalt eines Menschen, der seinen Weg über die weiße Fläche nahm, am Rande verziert mit der dünnen Rauchsäule, die so ruhig wie die Linie auf einem japanischen Holzschnitt sich in die klare Luft erhob – einen Wohnraum, der so das rechte Szenarium abgab für das melancholische Marionettentheater der Festesfreude. Die Menschen sagten zu einander: »Ich wünsche Ihnen eine fröhliche Weihnacht!« Sie waren ehrlich genug, zu denken: Weihnacht, das gibt es ja nicht, also wünsche ich ihm gar nichts. Gerade darum ist es aber möglich, daß sie im letzten Grunde die schönsten Wünsche für einander hegten.

Die Woche nach dem Heiligen Abend, die letzte Woche des Jahres, war wie der Epilog, der in einer unwirklichen Sphäre spielt. Am Nachmittag ging man auf den Eisplatz. Hatte man im Klubhaus, in dem Raum, dessen Fußboden mit einer schmutzigen Schneekruste überzogen war und dessen kalte Luft innerhalb der fest verschlossenen Türen und Fenster den Konservengeschmack eines Winternachmittags verspüren ließ – durch den Geruch der Holzkohlen und den Qualm des nutzlos kämpfenden Kanonenofens hindurch – hatte man hier die Schlittschuhe angeschnallt, dann fühlte man sich beim Heraustreten auf die silberne Fläche von neuem von der wehenden Luft getroffen, die wie die Luft über einem unbekannten Meere die Weite und Trostlosigkeit fremder Erdteile mit sich zu tragen schien. Am anderen Ende des Platzes waren die Meisterläufer, ein jeder für sich allein, ihren herzlosen Künsten hingegeben. Ihre Gestalten hoben sich wie einsam fahrende Segler vom matten Horizonte ab, von jenem Horizonte, hinter welchem blau und kalt und ohne Gnade das neue Jahr sich schon erhob.

Marianne erschien in einem dunkelblauen Sportanzug mit dunkelblauen Hosen. Hätte sie selbst etwas über diese Kleidung geäußert, oder hätte Miß Harrison bei Miß Florence angefragt, wie der neue Anzug ihr gefiel, dann wäre an diesem Kostümwechsel nichts Erstaunliches gewesen. So aber, da er sich vollzogen hatte, ohne daß man es nötig fand, ein Wort zu äußern, da Marianne in die neuartige Kleidung hereingeglitten war, als sei es die natürlichste Angelegenheit, so also zeigte es sich, daß ihre Schönheit noch über andere Möglichkeiten verfügte, als Renato es erwartet hatte. Marianne war kein Kind mehr, sie war ein junges Mädchen.

So war auch sie mit dem Geheimnis angefüllt, das am Rand des Eislaufplatzes nistete und aus dem das neue Jahr heraufzusteigen schien. Aber nicht allein das neue Jahr. Denn riesenhaft und schwarz und löcherig wälzte sich der Krieg herauf. Er hatte schweigend zugesehen, wie vor der Festung Przemysl mit einem Male vierzigtausend Russen umgekommen, die runden Gesichter mit den braunen Käppis in den Schlamm gesunken waren und wie das Geheimnis jedesmal ausgeholt hatte, um mit seinen dünnen Fingern zuzugreifen. Aber das war nur der Anfang. Denn das Geheimnis griff um sich und griff von vierzigtausend über achtzigtausend bis auf eine Million. Man sah, wie leicht es das Geheimnis hatte, im Krieg und auch bei denen, die zu Hause starben, und daß es gar nicht überlegte. Aber um so schwerer war es zu verstehen, was es von einem einzigen verlangte: Daß er sich nämlich alles überlegen müsse, ob er Eislaufen gehen, ob er für die Schule lernen, ob er sich anstrengen solle, ein Erwachsener mit einer langen, schwarzen Gestalt und einem großen, weißlichen Gesicht zu werden.

Renato ging ins Klubhaus zurück. Miß Florence fand ihn dort. »Ja, warum heulst du denn?« fragte sie.

Er wußte nicht, daß es Miß Florence sei, darum sagte er: »Ach, Miß Florence, es kommt doch ein neues Jahr!«

Miß Florence fuhr zurück: »Was redest du für dummes Zeug?« Da betrat der Schlittschuhmeister den Raum. »Was sagen Sie«, meinte Miß Florence, »er heult, weil ein neues Jahr kommt, haben Sie schon so etwas gehört?«

Der Schlittschuhmeister war ein weltgewandter Mann. »Das sind diese verzogenen Kinder«, sagte er, »die wissen nie, warum sie weinen sollen.«

III

Der Krieg aber dauerte fort, glitt über den Neujahrstag hinüber. Vor einem Jahr schon hatte er sich von einer Zahl getrennt. Es war die brennend heiße 14 gewesen, die wie eine Fahne und ein Galgen auf der sonnendurchglühten, blutigen Erde aufgepflanzt erschien. Jetzt war die sanftere 15 in sich abgeschlossen. Sie hatte den winterlichen Krieg in Unterstand und Schützengraben zum alltäglichen Einerlei gewandelt. Wie hinter ein hohes Parapett so waren die Zahlen hinter die Scheidewand des Neujahrstags gefallen. Sie hatten den Krieg zurückgelassen und hatten alle Schönheit, die wie eine unerforschte zarte Flora in den Winkeln ihrer Ziffern grünte, endgültig mit sich genommen. Nun stand die leere 16 da. Sie hielt den Mund geöffnet und starrte dem Krieg entgegen, der jetzt kein Ende mehr nahm. Man sah seine grauen Gewässer immer höher steigen und sah, wie auf deren Oberfläche alle kommenden Jahreszahlen immer schneller fortgetragen wurden.

Die Schüler wurden zum Wehrmann in Eisen geführt. Er stand in einem kahlen Hofgarten und ein Holzdach war über ihm errichtet. Sein Kopf war schon mit Nägeln bedeckt. Als Kopf war dieser Teil im übrigen nicht ohne weiteres erkennbar. Man konnte glauben, der Wehrmann habe gar keinen Kopf und sein Hals sei nur nach oben hin verbreitert. Aber Fiala sagte, er trage ein Visier.

Professor Weinzierl trat vor die Schüler und hielt eine Ansprache. Er sagte, der Wehrmann in Eisen sei ein erhabenes Sinnbild. Wer hingehe und ein Geldopfer darbringen, um einen Nagel einzuschlagen, der trage bei zum Aufbau des Vaterlandes, das durch den Opfermut der Patrioten gefestigt würde, so wie durch diesen Opfersinn eine einfache Holzfigur sich in einen eisernen Wehrmann verwandle. Dann schlug er selbst den ersten Nagel ein – er hielt ihn elegant zwischen zwei Fingern seiner Linken – und sprach dabei den Wahlspruch: »Viribus unitis!« Professor Brischta folgte ihm, er zuckte mit dem Kopf und indem er jedes Wort für sich hervorstieß, sagte er: »Schwarz-gelb für immer!« Dann kam Professor Piller an die Reihe. Er faßte den Wehrmann träumerisch ins Auge und seine Devise: »Deutsch und treu!« klang wie aus tiefem Schlaf gesprochen.

Kam man jetzt an den Nachmittagen in den Stadtpark, dann sah es aus, als hätten die Alleen sich geweitet, als sei die Luft ganz weiß geworden, als hätte dieses Stück Erde sich zu einer neuen und endlosen Reise gerüstet. Und beim Nachhausekommen mußte man von Tag zu Tag bemerken, wie zwischen die vierte Stunde und den Abend die Helligkeit einen Keil einrammte, der immer breiter wurde und wie das träge Licht, das jetzt nicht aus dem Zimmer wich, als isolierter Vorbote des Frühlings auf diesen engen Raum, in diese eine Stunde die ganze Trostlosigkeit der kommenden Jahreszeit zu konzentrieren suchte.

Marianne kam in den Stadtpark und wenn Felix nicht da war, dann fragte sie, warum er nicht gekommen sei. »Ich weiß nicht«, beeilte sich Renato dann zu sagen. Er sagte es in jener absichtlich geheimnisvollen Weise, in der man spricht, wenn man dem anderen zuliebe die Bedeutsamkeit einer Person zu unterstreichen sucht. Aber er wußte zugleich, daß es sehr lächerlich war, so zu sprechen.

Er dachte allerdings im Grunde, Felix könne niemals mit Marianne mehr befreundet sein als er es selbst war. Er selbst, so wußte er, war ja Mariannens bester Freund. Er wußte es, obwohl es auf den Spaziergängen schwer war, Marianne zum Sprechen zu bringen und obwohl er sah, wie froh sie oftmals war, wenn sie nach Hause gehen konnte. Aber die Mama sagte immer: »Renato ist mit der kleinen Gérard befreundet«, auch Miß Florence und Miß Harrison behandelten diese Freundschaft als eine Selbstverständlichkeit und deckten damit immer wieder die eigentliche Wahrheit auf, die Wahrheit, die von den höheren Mächten garantiert war und vor der jene Oberflächenwahrheit, die nur aus Mariannens äußerem Benehmen ihren dünnen, fragwürdigen Stoff bezog, sich im Augenblick verflüchtigte. So hielt auch die echte Wahrheit das Gesetz in sich beschlossen, daß nie ein anderer und auch nicht Felix als Freund Mariannens figurieren könne.

Ein wohlhabender Mann, der sein Vermögen einbüßt, mag den Ruin schon lange kommen sehen. Ist er einmal wirklich ruiniert, dann erwacht er dennoch an jedem Morgen mit der Sicherheit, über Reichtümer zu verfügen, und er bleibt immer bei dieser Illusion, bis eine brutale Tatsache ihn zur Besinnung bringt. So war auch Renato überrascht, als eine andere Wirklichkeit hereinbrach. Es geschah vor der Mathematikstunde. Felix saß auf einem Pult, den Rücken dem Katheder zugekehrt und hielt die Beine auf der Schulbank aufgestützt. Er hatte den Kopf ein wenig rückwärts geneigt und ohne Vorbereitung sprach er plötzlich jene Formel, die die Erde für einen Augenblick stillstehen ließ: »Ich war gestern bei den Gérards«, sagte er und verkniff dabei ganz leicht die eine Hälfte des Gesichts.

Man liest vom Schmerz, den eine Nachricht bereitet, man liest davon und denkt sich, das Wort Schmerz habe da nur eine bildliche Bedeutung. Aber man vergißt, daß auch ein solcher Schmerz eine körperlich feststellbare Tatsache ist, wie der Kopfschmerz oder das Brennen im Halse. So wie die Natur in weiser Voraussicht eine Frau die Geburtswehen vergessen läßt, so läßt sie, offenbar im Interesse der Arterhaltung, auch solche Schmerzen immer wieder in Vergessenheit geraten und wir sind jedesmal erstaunt, wenn wir es neu verspüren, das Gewicht, das sich zwischen die oberen Rippen und das Herz gelegt hat, selbsttätig abschwillt und dann wieder anschwillt, schließlich unseren ganzen Oberkörper mit seiner trägen Masse ausfüllt, uns zwingt, tief einzuatmen, wenn es sich zu neuen, gänzlich unerwarteten Dimensionen verbreitert – in irgendeinem Augenblick kann das geschehen, etwa nur, wenn ein schönes Gesicht, eine bestimmte Kombination von Muskeln, Zahn und Haar vor unseren Augen wieder aufgetaucht ist oder wenn ein bestimmter Mund gelächelt hat. Felix lächelte und dachte offenbar an den vergangenen Tag.

Aber während der Mathematikstunde blieb das dicke Gewicht in Renatos Körper hängen. Professor Weinzierl sprach von den Gleichungen mit drei Unbekannten und es war, als käme seine Stimme aus einem jener Grammophone, die ihre Platte abspielen, unabhängig von der Umgebung, in der sie sich befinden, die die Platte unter Umständen zu Ende laufen lassen, während im gleichen Zimmer ein Drama sich begibt. Professor Weinzierl sprach von der Auflösungsmethode der Gleichungen und ahnte nicht, was sich in Wirklichkeit ereignet hatte. Er hätte vielleicht sogar wie an anderen Tagen Woska und Soukup gleich nach der ersten Frage in die Bank geschickt, hätte erwartet, daß das ein Ereignis bedeuten würde, während doch am vorhergegangenen Tage Felix bei den Gérards gewesen war, Frau Gérards blauer Blick ihn gestreift hatte (in dem Moment, da sie von ihrer Sofaecke aus, ihm ihre Hand zum Kuß entgegenhielt) und während zum Schluß vielleicht sogar die beiden, die Mutter und Marianne, ihn bis ins Vorzimmer hinaus begleitet hatten, wobei es des Lachens und des Abschiednehmens gar kein Ende gab.

Allerdings erfuhr Renato nichts von diesem Nachmittag. Wenn er Felix fragte, gab dieser keine Antwort, tat so, als habe er die Frage überhört und ließ erkennen, daß er zu vornehm denkend sei, um etwas zu erzählen, das dem anderen einen Schmerz bereiten mußte. Auch kam es in der folgenden Woche nur wie durch eine Unachtsamkeit über seine Lippen, daß er ein zweitesmal bei den Gérards gewesen war.

Wenn Renato jetzt neben Marianne herging und wenn er ihr Gesicht betrachtete, die Flügel ihrer Nase, die sie mitunter zucken ließ, und ihre Wangen, die gespannt schienen und die bei einer Berührung wahrscheinlich dennoch ganz weich gewesen wären, dieses Fleisch, das sie nach dem Spaziergang nach Hause trug, in die Wohnung, in der sie, ihrer Mutter gleich, das Unsichtbare, das ihr Körper eingeschlossen hielt, in die verschiedensten Richtungen entsandt hatte, in den verstecktesten Winkeln sich hatte ansiedeln lassen, wenn also Renato Marianne so ansah, dann mußte er zugleich an Felix denken, der in jener Wohnung mit ihr gemeinsam in den Geheimnissen ihres Lebens stöbern konnte.

Einmal um die Mittagszeit sah Renato Marianne und ihre Mutter auf der Straße. Sie kamen ihm sehr rasch entgegen, im Gespräch mit einem hochgewachsenen Herrn, der höflich lachte. Frau Gérard schien ungewöhnlich gut gelaunt und fand in der eiligen Unterhaltung auch Zeit, dem großen hellgrauen Hund, den sie neben sich an einer Leine führte, etwas zuzurufen. Ihr dunkelblaues Kostüm, ihr Pelz und ihre strahlend hellen Handschuhe waren voller Frische. Marianne aber ging neben dem Hund. Sie mußte große Schritte machen. Sie lachte ebenfalls und, um den fremden Herrn zu sehen, beugte sie sich vor, während ihr Hals vom Lachen ein wenig gerötet war. Renato wußte nicht, ob er jetzt grüßen dürfe und während er überlegte, waren die anderen schon vorbei. Aber er dachte dann noch lange an diese Erscheinung, die rasch und goldgepanzert vorübergeflogen war und die tief unter allen Hüllen und Schichten ihrer großen und hochmütigen Schönheit ganz zum Überfluß und für einen Fremden fraglos unerwartet, ein neues, höchst eigenes Mysterium, nämlich Mariannens Leben, in sich trug. Er dachte auch an diese Begegnung, als ein paar Tage später Felix ihm erzählte, er habe Marianne und ihre Mutter in der Stadt bei ihren Besorgungen begleitet.

Gewiß waren für Renato noch die Spaziergänge im Stadtpark geblieben. Aber er mußte bald erfahren, daß er auch davon nicht mehr viel erwarten konnte. Denn Miß Harrison hatte darum angesucht, nach England zurückkehren zu können und sie sprach ganz ernsthaft von den Aussichten, die Bewilligung zu erhalten und sprach auch schon von ihrer Reiseroute. Miß Florence sagte, wie schade es sei, daß es jetzt mit den gemeinsamen Spaziergängen zu Ende gehe. Da sie aber dabei nur an sich selber dachte, so schien gerade sie es zu sein, die Renatos Freude und seine Hoffnungen endgültig zur Seite schob.

Miß Florence hatte ihn übrigens in diesem Monat überrascht. An einem Abend hatte sie sein Lesepult genommen, hatte es auf das verschlossene Klavier gestellt und dann den ersten Band der Übungsschule aufgelegt. Schließlich hatte sie begonnen, ganz leise und in großen Pausen einzelne Töne anzuschlagen. Sie hatte bei Fräulein Zuleger, der Tochter aus dem Papiergeschäft, eine Klavierstunde gehabt.

Aber erst nachdem Renato selbst daraufgekommen war, hatte sie das Geheimnis preisgegeben und war im übrigen entschlossen, eine so zerbrechliche und edle Sache wie ihr Spiel und die Stunden bei Fräulein Zuleger vor dem allgemeinen Unverstand, vor allem aber vor den Eltern zu beschützen. Sie übte am Abend, wenn sie wußte, daß niemand mehr ins Zimmer kommen würde. Und ihre Töne – sie schlug sie oft nicht richtig an, aber immer erst, nachdem sie mit Hilfe ihrer Brille zunächst in das Notenheft und dann auf ihre Hand gesehen hatte – diese Töne nun, die an sich wahrscheinlich schon sehr leise gewesen wären, waren im Hinblick auf das Geheimnis noch um ein Weiteres eingeschrumpft. Renato aber sah, wie über diesen Tönen (Tönen, die bei den anderen Klavierspielern nur als »Vorstufe« zu gelten hatten und die von hier aus immer ungeduldig in die freie Luft der Vortragsstücke und der Sonatinen liefen), wie über diesen Tönen also ein gänzlich neuer Sinn des Klavierspiels aufgestiegen war, der oberhalb der Brille, die Miß Florence trug, gleich einen Stillstand machte, um dünn und zart und maßlos traurig sich in die Falten ihrer Stirn zu legen.

An einem der Abende kam aber die Köchin unerwartet in das Zimmer. Sie sah Miß Florence am Klavier und war erstaunt. Miß Florence war zuerst erschrocken, aber dann ließ sie die Köchin alles wissen. Sie erzählte auch von Fräulein Zuleger: »Sie hustet immer in den Stunden«, sagte sie, »sie ist gar nicht richtig mit der Lunge.« Die Köchin hatte ihre Arme in die Hüften aufgestützt. Jetzt schüttelte sie in Bewunderung den Kopf und schien in Anbetracht von so viel Leiden und Klavierspiel fassungslos zu sein.

Renato hatte damals einen Traum. Ihm träumte, daß er eine Stunde mit ansah, die Fräulein Zuleger erteilte. Er sah das Zimmer hinter dem Geschäft, sah Fräulein

Zuleger, die Schülerin Fräulein Konrads (genaugenommen: die Schülerin einer ihrer Schülerinnen) und sah, wie neben ihr ein Mädchen beim Klavier saß. Allerdings war etwas Ungewohntes in dem Anblick. Es war alles viel blasser und viel kleiner, als es Renato in Erinnerung hatte. Und er wunderte sich sehr, bis er mit einem Male erkannte, daß die Lehrerin im Zimmer gar nicht Fräulein Zuleger war, sondern eine ihrer Schülerinnen, eigentlich sogar eine Schülerin einer ihrer Schülerinnen. Und es hatte hier alles so minimale Maße, das Fräulein, das den Unterricht erteilte, und gar erst das Fräulein, das die Stunde nahm, die dünnen Töne, die sie anschlug und die sich noch gerade an der Grenze der Hörbarkeit befanden, das Klavier und das Papiergeschäft, das alles war so klein und lungenkrank, daß Renato angesichts dieser Winzigkeit erwachte.

Miß Harrisons Abreise war beschlossen und so stand auch in einiger Zeit das Ende der gemeinsamen Spaziergänge bevor. Aber während dieser Wochen konnte es Renato oft vergessen. Wenn er allein neben Marianne herging oder wenn Felix dabei war, dann war es ihm, als werde es immer so weiter gehen und er konnte glauben, er werde dennoch einmal das richtige Wort aussprechen können, etwas so Interessantes zu erzählen wissen, daß Marianne auf dem Fleck stehen bleiben würde, um zu sagen: »Das muß ich aber der Mama berichten. Sie wird entzückt sein. Sie wird bestimmt haben wollen, daß du morgen allein zu uns kommst.« Aber dann geschah es plötzlich, daß Miß Florence zu Miß Harrison sagte, sie habe gehört, daß die Leute, die in die Ententeländer führen, alle eine Woche lang an der Schweizer Grenze angehalten würden. Sie sagte es und ließ damit jene Weltordnung hereinbrechen, die die Erwachsenen für sich gepachtet hatten, in der sie die Züge abfahren ließen, das Zeichen gaben, damit die unförmigen, schwarzen Schiffe sich in Bewegung setzten, um torkelnd über den Kanal zu fahren – sie ließen kurz und scharf das Pfeifensignal erklingen und sagten dabei: »Wir haben keine Zeit, darüber nachzudenken, was diese dummen Kinder da noch wollen.«

Aber wenn Renato an Miß Harrisons Abreise nicht dachte, dann hatte er dennoch nicht ganz unrecht, nämlich in Übereinstimmung mit einem Lebensgesetz, das dahin wirkt, daß es uns selten plötzlich so gut geht und selten plötzlich so schlecht als wir es erwarten (während die Katastrophen uns von einem Bezirk aus überfallen, an den wir gar nicht dachten). Denn gleich einer jener kleinen Märchengestalten, die kaum, daß sie irgendwo verschwunden sind, wie aus einem Nichts erstehend an einem entgegengesetzt liegenden Punkte des Raumes wieder auftauchen, plötzlich auf einem Kästchen oder in einer Nische stehen, so sah Renato Marianne gewissermaßen aus einer ungeahnten Richtung kommend wieder in Erscheinung treten. Es hieß, sie würde nach Miß Harrisons Abfahrt zum Naturgeschichts- und zum Zeichenunterricht ins Gymnasium kommen, wo man seit zwei Jahren (in den beiden Klassen, die »unter« Renatos Klasse lagen) auch Mädchen aufgenommen hatte. Überdies sollte sie schon in der »Akademie« mitwirken, dem öffentlichen Schülerabend, mit dessen Veranstaltung Professor Weinzierl beschäftigt war.

Dieser Abend, von Professor Weinzierl in lebhafter Rede angekündigt, mit sehr viel Zeitaufwand schon vorbereitet, schwebte jetzt als unbewegliche, große Tonne, kreuz und quer angefüllt mit Ausschnitten aus dem riesenhaften Saal, den hellgekleideten Schülern, welche rezitierten, der Theaterszene, vor der der Vorhang aufgezogen war, den Zuschauern, die mit wirren Blicken ihre Plätze suchten und dann vor Beginn sich auf ihren Sitzen vorwärts beugten, sich zur Seite und nach hinten wandten, dabei alle die Maschinerie ihrer Stimme in Bewegung gesetzt hatten, die steigend und fallend in der hohen Lage trillernd den Raum mit einem bewegten Orchesterstück erfüllten, als ein so angefülltes, großes Gefäß schwebte dieser Abend in der Luft. Seltsame Gewohnheit, die uns veranlaßt, uns das Kommende immer wieder vorzustellen! Haben wir einmal darüber nachgedacht, dann ist uns eine der deprimierendsten Tatsachen unseres Lebens aufgegangen. Aber wir haben mit dem Nachdenken nicht viel gewonnen. Weder die Erkenntnis hilft uns, noch die ausgedehnteste Erfahrung, die Erfahrung, daß es niemals vorgekommen ist, daß ein Bleistift so am Tisch liegt, wie die Phantasie es ausgemalt hat, keine Umarmung, kein fremder Körper sich so anfühlt, kein Laut so klingt wie wir es uns vorher dachten, das alles hindert uns nicht daran, auch weiterhin und ein ganzes Leben lang die todgeweihten Bilder zu produzieren, unsere ganze Liebe, unseren Geist und unser Zartgefühl in jenen Kunstwerken aufzuwenden, die für keinen anderen Zweck bestimmt sind als für das unendliche Arsenal des Nichts.

Professor Weinzierl hatte gefragt, was jeder an einem künstlerischen Abend leisten könne. »Jeder soll mir seine Begabung nennen«, hatte er gesagt und hatte dabei offenbar mit einem Male das Bewußtsein, einer auserwählten Schar von kleinen Künstlern vorzustehen, und die Halbdrehung, die er seinem Stuhl gegeben hatte, das feine Lächeln, mit dem er vor sich hinsah, der zart angedeutete Schwung, mit dem die Linke seine Rede untermalte, das alles deutete darauf hin, daß er sich jetzt als Freund der Künste fühlte, als ein Entdecker und Förderer von Talenten, allerdings in seinem kleinen Kreise.

Die Mitteilung Renatos, er spiele Klavier, nahm er schweigend zur Kenntnis und bestimmte ihn dafür, bei der patriotischen Szene, der »Apotheose« einen Palmzweig in die Höhe zu halten. Aber eine Dame aus der Bekanntschaft Fräulein Konrads wies ihn an, er solle doch Renato spielen lassen. Ob das auf Fräulein Konrads Veranlassung hin geschehen war, das stand nicht fest.

Jedenfalls aber wirkte – ohne daß Renato recht bemerkte wie es geschah – ein Hebelwerk, das hoch über seinem Kopfe arbeitete, sehr rasch dahin, daß sein Spiel zu einer beschlossenen Sache wurde. Auch die Eltern waren einverstanden. Der Papa fand nur noch, es sei nötig, daß Professor Weinzierl ihn anhöre, »der Form halber«, meinte er, müsse das geschehen. Er sagte, Professor Weinzierl solle doch am nächsten Sonntag kommen und er beging damit einen jener Fehler, wie die Eltern sie so oft begingen, wenn sie, nicht wissend, daß es neben ihrer Welt noch Welten gab, die sie nicht kannten, ganz unbekümmert in jene anderen Welten hineintappten, um ahnungslos dort einen Schock hervorzurufen und die Ordnungen zu verwirren. So scheute sich der Papa auch nicht davor, die Mathematik persönlich zu bemühen, »einzuladen« oder gar »sich kommen zu lassen«, zu erwarten, daß sie mit ihrem Strahlenhaupte ebenso selbstverständlich, wie irgendein Besucher die Stiegen heraufsteigen, im Vorzimmer den Stock ablegen, dann »weitergehen« würde, um »drinnen« sich an den Gesprächen zu beteiligen, die so unendlich und so hoffnungslos wie das ratternde Geräusch der Eisenbahn mit dem Räderkreischen des Gelächters und den langgezogenen Signalen der Höflichkeit oftmals bis in Renatos Zimmer drangen. Es war eine hochmütige Ahnungslosigkeit, das zu erwarten, eine Ahnungslosigkeit, die Professor Weinzierl auf das tiefste beleidigen mußte, die ihn aber zugleich auch, ohne daß er sich selbst darüber im klaren war, bedauernswert erscheinen ließ, da er es etwa gewiß nicht wußte, was er im Vorzimmer mit seinem Stock tun sollte und ihn fraglos mit seinem schmutzigen Ende auf einen jener Sessel legen würde, von denen die Mama zu sagen pflegte, man müsse sie schonen. Aber auch der Papa war, ohne daß er es wußte, in diesem Augenblick ein wenig zu bedauern, da er bereit war, der Mathematik mit aller denkbaren Freundlichkeit entgegenzukommen, sie hingegen in ihrer großartigen Fremdheit die gütige Bereitschaft, die sich auf Papas Wangen niedergelassen hatte, nicht beachten und alle höflichen Reden an sich abprallen lassen würde, ohne sie auch nur durch eine einzige Liebenswürdigkeit zu erwidern.

Aber als die Mathematik kam, lächelte sie und das Stahlgerüst der geometrischen Figuren, das ihr Gesicht zusammenhielt, schien in diesem Lächeln zu zergehen. Und wie in einer beseligten Feuchtigkeit aufgetaut, so verschwammen die Konturen dieses Gesichtes in einer neuartigen sanften Röte, während Professor Weinzierl nach einer Reihe von Verbeugungen Mamas Anerbieten, sich zu setzen, angenommen hatte und während er mit mehrmaligem befriedigtem Kopfnicken Renatos Klavierspiel ausgezeichnet fand. Auch Miß Florence war von Professor Weinzierl auf das freundlichste begrüßt worden, ebenso wie Fräulein Konrad, die sich ihrerseits viel stiller zeigte, als man es erwartet hätte, zugleich aber den immateriellen Panzer abgelegt hatte, in dem sie immer aufgerichtet schien. Ihr Gesicht war übrigens im Augenblick, da sie Professor Weinzierl die Hand reichte, von einem Purpurhauche überzogen worden.

Sah man aber den Professor selbst an, wie er im Fauteuil saß, wie er im Gespräch mit der Mama die Finger höflich auseinandergespreizt hielt, und hörte man, wie er seine majestätischen Sätze immer nur nach einem leisen Brummen seiner tiefen Stimme sagte, einem Schnarren, das er offenbar nur veranstaltete, weil er nicht wußte, was er sagen solle, dann mußte man das verwunderlich und sogar angsterregend finden. Aber nicht nur über die Mathematik, die aus ihren Wolkenhöhen herabgefallen war, auch über die Mama mußte man erstaunt sein, da sie in Professor Weinzierls Reden nicht, wie man es erwartet hätte, ein »dummes, geschwollenes Zeug« erblickte, sondern ihm sehr aufmerksam zuhörte (so aufmerksam, wie sie es eben gar nicht hätte tun dürfen) und schließlich auch ohne Überlegung Eigenes erzählte, sich vor Professor Weinzierl über den Papa beklagte, der nie das Ende einer Mahlzeit abwarten konnte, sondern sich schon immer vorher die Zeitung geben ließ. So hatten sie ihre Posten verlassen, die Eltern und auch Professor Weinzierl, die Ordnungen waren inzwischen zusammengestürzt und tief unten in der Verwirrung, die zurückgeblieben war, versuchten sie, sich aneinander festzuhalten, beschämend für beide Teile, für die Eltern und für die Mathematik. So mußte es auch geschehen, daß sie in ihrer Haltlosigkeit Reden führten, die sie sich zu anderen Malen nicht gestattet hätten, nach allen Gegenständen griffen, die ihnen erreichbar schienen, um sie in ihre ordnungslose Welt herabzuziehen und mit ihrer porösen Hinterseite unters Licht zu stellen.

»Ich glaube, die kleine Gérard wirkt mit«, sagte die Mama. Und lachend fügte sie hinzu: »Das ist ja etwas für Renato. Aber mir scheint, er hat jetzt eine gefährliche Konkurrenz. Der Felix Bruchhagen macht ihr auch den Hof. « Sie lachte und hatte keine Bedenken, bei Marianne von »Hof machen« zu sprechen, als sei sie eines jener vielen Mädchen, von denen zu lesen war und von denen gesprochen wurde, eines jener Mädchen, die mit roten Gesichtern und verrenkten Gliedern die schreckliche und beschämende Aktion des Hofmachens über sich ergehen ließen. Die Mama scheute sich nicht davor, wie in einem Winkel zusammengekauert, Renato selbst und

Felix zu belauern, und auch Marianne, deren dünne Gestalt draußen im Stadtpark unbeweglich vor den ziehenden Wolken in ihrer kostbaren Materie aufgepflanzt war, auch Marianne scheute sie sich nicht, ganz einfach anzuspringen und trotz des Widerstrebens, der Anstrengung, die rührend und ohnmächtig den Kopf mit einer zarten Röte färbte, in die schlammige Masse ihres Lachens herabzuziehen.

Übrigens lachte auch Professor Weinzierl, obwohl er wahrscheinlich nicht genau verstanden hatte, wovon die Rede war. »Natürlich«, sagte er, »der Bruchhagen.« Und sein Lachen verlief in einem beifälligen Schmunzeln, da er es sich offenbar gestattete, in Anbetracht dieses privaten Besuches, der außerordentlichen, gewissermaßen feiertäglichen Gelegenheit die »Zügel schießen zu lassen« und einen »Filou« wie den Bruchhagen einmal von der Seite der Heiterkeit, der schönen Lebenskunst betrachtete, mit einem Wohlwollen, das auch ganz beiläufig und sinnlos Marianne einzuschließen schien.

Nachdem Professor Weinzierl gegangen war, sagten die Eltern, er sei ein reizender Mensch und Renato fand sie in diesem Augenblick bedauernswerter, als jemals zuvor.

Auch Miß Florence war von Professor Weinzierl entzückt. Sie hatte übrigens inzwischen die Klavierstunden bei Fräulein Zuleger schon aufgegeben. Sie hatte das getan, nachdem eine traurige Nachricht in das Papiergeschäft gekommen war. Der junge Zuleger war an der russischen Front gefallen. Warum Miß Florence allerdings gerade in diesem Augenblick beschloß, der Familie noch den Verlust einer Stunde zu bereiten, war freilich nicht ganz einzusehen. Aber sie sagte: »Jetzt kann man doch nicht an Klavierspielen denken.«

Statt dessen saß sie nun oft für mehrere Stunden bei Frau Zuleger im Zimmer. Sie saß wahrscheinlich mit vorgebeugtem Oberkörper auf dem großen Sofa, biß ihre Zähne in die Unterlippe und sah auf Frau Zuleger, die, während die Tränen über ihre Wangen liefen, immer wieder kurz und rasch mit ihrem Kopfe nickte.

»Du mußt ihr dein Beileid erklären«, sagte Miß Florence zu Renato. Und auf die Frage, was er da sagen solle, gab sie ihm zur Antwort: »Dummer Junge, daß du das nicht weißt.« Schließlich aber meinte sie: »Du kannst ja sagen: es tut mir schrecklich leid, daß der Herr Zuleger im Krieg gefallen ist.« Aber sie bemerkte nicht, wie traurig es war, von »Herrn« Zuleger zu reden, daß nämlich Renato, der den Gefallenen nicht gekannt hatte, ihn jetzt nach seinem Tode zum erstenmal mit »Herr Zuleger« ansprechen sollte. Er sollte den Titel »Herr« gebrauchen, den Titel, den der Friseur seinem Kunden gab und in welchem der Weg, auf dem der Fremde nach Verlassen des Frisiergeschäftes die Straßen durcheilen würde, und auch alle unbekannte Schönheit seines künftigen Lebens eingeschlossen war, während beim jungen Zuleger das Wort »Herr« nichts anderes enthalten konnte, als das, was es bezeichnete (den Körper, der auf der braunen Erde lag), so daß sich dieses Wort erst hier in seiner ganzen Trostlosigkeit offenbarte.

Aber nachdem Renato dann zu Frau Zuleger in den

Laden gekommen war und gesehen hatte, wie sie hinter dem Pult stand, einem Schüler ein Heft verkaufte und dann ein anderes langsam von seiner alten Stelle holte, da er mit Ausnahme des schwarzen Kleides, das sie trug, in dem kleinen Papiergeschäft nichts Ungewohntes bemerkt hatte, ging er sehr rasch wieder hinaus. Denn er hatte – ohne zu verstehen warum – gerade angesichts dieser geringen Veränderung gespürt, daß er nahe daran war, zu weinen (was vor Frau Zuleger, die selbst nicht weinte, sehr unangenehm gewesen wäre).

Als der Monat Feber eingerückt war, dessen leicht gebauter Name wie ein luftiger Vorbau von einer durchsichtigen Helligkeit erfüllt war, zugleich aber in dem ebenmäßigen, weder steigenden noch fallenden Klange seiner Silben das Jahr zu einem kurzen Stillstand zwang, da konnte es geschehen, daß man um die Mittagsstunde, nach Schulschluß, das Straßenpflaster und die Häuserfassaden im Sonnenlicht vibrieren sah und daß man plötzlich eine wärmere Luft verspürte, die einen Frühlingstag recht unvermutet mitten in die kalte Jahreszeit herübertrug und die auch ganz von ferne ein Stückchen einer unbestimmten Schönheit mit sich brachte. Aber die Wolken zogen sich sehr bald zusammen und die ebene Straße des Monats Feber lag wieder in ihrem sonnenlosen Lichte da, die kurze Straße, auf der es kein Vorwärtskommen gab und an deren Seite man von Zeit zu Zeit am Nachmittag – nicht so trügerisch wie in der Mittagsbeleuchtung, sondern in ihrer eigentlichen Realität – die leere Bettlergestalt des Frühlings sich immer drohender erheben sah.

Miß Harrison sagte, daß ihre Abreise näher rücke, aber in Wirklichkeit war nichts davon zu merken. Auch das Konzert, von dessen Näherkommen immerzu gesprochen wurde, lag immer noch in jener selben Ferne, in der man es zunächst gesehen hatte. So konnte Renato nicht auf den Gedanken kommen, die Stücke, die er mit Fräulein Konrad vorbereitete, das Menuett von Paderewski und das Impromptu von Schubert, diese Stücke in irgendeine Verbindung mit jenem Abend zu bringen, dessen quadratische dicht gefüllte Gondel man am Ende des Horizonts in ihren großen Dimensionen schaukeln sah. Aber die Zeit nimmt hinter unserem Rücken ihren Fortgang, versteht es auch aus gänzlich unbekannten Ordnungen Dinge herabzuholen, um so die Situationen zu verdichten.

Mit Marianne ging man also in diesen Wochen noch spazieren. Und kam Felix hinzu, dann konnte es geschehen, daß er sie plötzlich wortlos ansah und daß sie dann lächelte, dabei die Winkel ihres Mundes auseinanderzog und auch verbreiterte, so daß unter ihrem Körper, unter dieser Hülle, die man bisher immer aufrecht, ruhig und fest verschlossen durch die Alleen des Stadtparks hatte gehen sehen, die sich aber nun mit einem Male aufgetan hatte, daß eben darunter ein neues körperliches Wesen in Erscheinung trat, aus einem feuchten und glatten Material bestehend, aus einem gewissermaßen billigen, alltäglichen Material. Aber eingesponnen in Mariannens Leben und überschattet von Mariannens Namen schien es dazu angetan, dieses Leben mit einer neuen und schmerzlichen Schönheit zu erfüllen. Nun sah man dieses Leben auf eine neue Ebene gehoben, sah, daß Marianne dort den Inhalt ihres Namens, seiner Kostbarkeit nicht achtend, bedenkenlos verschenkte, damit umging so wie mit dem billigen Inhalt aller anderen Namen umgegangen wurde, jener anderen Namen, von denen der Name Mariannens sich gewiß nur um ein Geringes unterschied. Aber von der schmalen Basis dieses Unterschiedes stieg jetzt in noch nie dagewesener Kraft und Konzentriertheit alle Süße ihres Lebens auf.

Übrigens geschah es gerade damals, daß sie sich manchmal plötzlich zu Renato freundlich zeigte. Sie ließ sich sogar einmal eine Hauff-Novelle erzählen und hörte auch mit Interesse zu. Aber da ihr Mund verschlossen war und sie feste stampfende Schritte machte, konnte man glauben, es habe sich eine Teilung ihrer kleinen Persönlichkeit vollzogen, so daß hier nur die Marianne zurückgeblieben war, die ihre Schulaufgaben machte und bei der der graue Mantel, den sie jetzt trug, den Körper eines Mädchens einschloß, das mit den anderen lachte oder Sachenraten spielte, während der übrige Teil ihrer Person, als neues Wesen in sich zusammengeschlossen, von den Flügeln ihres Lächelns getragen, endgültig in eine andere Region entschwunden war.

So bewirkte die Zeit ganz unbemerkt die Verschiebung der Kulissen und ließ auch unbemerkt den Knaben Renato immer tiefer in ihre zweifelhaftesten Bezirke gleiten. Denn eines Tages läutete das Telephon. Und als Renato an den Apparat kam, sah er in einer großen Entfernung, unendlich verkleinert, in einer winzigen Kapsel sitzend, niemand anders als Marianne. Er hörte auch, wie von dort her ihre Stimme zu ihm heraufkam. Sie sagte, Miß Harrison sei mit Reisevorbereitungen beschäftigt und er solle Felix, bei dem es kein Telephon gab, bestellen, daß sie ihn morgen um zwei Uhr nachmittags erwarte, um mit ihm zur Probe des Theaterstücks zu gehen.

Renato hatte gar nicht gewußt, daß die beiden zusammen in dem Theaterstücke spielten. Und so kam es, daß diese plötzlich sichtbar gewordene Tatsache – sie hatten Renato nichts davon erzählt, trotzdem er immer wieder neben ihnen hergegangen war – daß diese Tatsache sich als ein zufällig herabgefallenes Bruchstück eines Lebens zu erkennen gab, das Felix und Marianne schon längst vereinte, das schon seine eigene festgefügte Gesetzlichkeit in sich trug, so daß sie es gar nicht mehr nötig fanden, ihn über eine Einzelheit, und war sie auch eine harmlose, zu unterrichten. Sie dachten nicht daran, von einer Angelegenheit wie dem gemeinsamen Theaterspiel zu sprechen, weil eben diese Angelegenheit, die isoliert, gewissermaßen unter abstraktem Gesichtspunkt betrachtet, ein farbloser, alltäglicher Tatbestand sein konnte, in Wirklichkeit mit tausend Fäden in jenes Leben eingesponnen war, das sie bewohnten und das schon lange Zeit in seiner unerreichbar blauen Ferne ruhte. Aber das Telephon läutete noch einmal und läutete zu wiederholten Malen. Und es fiel Renato auf, daß Felix auch an Tagen kommen sollte, für die eine Theaterprobe gar nicht angesetzt war.

IV

Miß Harrison war abgereist. Ihre Abreise war in die Woche gefallen, die der Akademie voranging. Aber sie sagte nicht mit einem Wort, daß sie bedauere, den Abend nicht mitmachen zu können und Renato nicht spielen zu hören. Dagegen ließ sie ihm ihre Photographie zurück. Renato sagte sich: Wenn man von jemandem zum Abschied eine Photographie bekommt, dann heißt das wohl so viel als daß man diesen Menschen gern gehabt hat. Und er sah die Photographie an, sah Miß Harrisons vorgeschobene Oberlippe, die ihm gar nicht gefiel, und auch den Hut, der schief auf ihrem Kopfe saß. Ich habe sie wahrscheinlich gern, meinte er und überlegte zugleich, wie merkwürdig das eingerichtet war, daß man die Menschen gern hatte, die einem ganz gleichgültig erschienen. Überdies dachte er daran, daß Felix die Photographie sehen und darüber lachen werde. Aber Miß Florence wäre böse gewesen, wenn Renato das Bild nicht aufgehängt hätte. So wurde es denn an der Wand befestigt.

In diesen Tagen geschah es auch, daß Marianne in die Schule kam. Dieses Ereignis nun fand letzten Endes ohne große Vorbereitung und recht lautlos statt. Denn in einer der Pausen stand sie einfach plötzlich in der Klassentüre, stand da wie eine jener kleinen Figuren, die die Laterna magica mitten in die Zimmer zu verpflanzen weiß. Renato hätte gerne vor der Klasse gezeigt, wie gut er Marianne kannte. Aber da er sah, wie sie mit einer leichten Kopfbewegung nur Felix ein Zeichen gab, mußte er stehen bleiben, wo er stand.

Aber am Nachhausewege dachte er an die Akademie und dachte daran, daß er dort Marianne in vier Tagen sehen werde. Freilich mußte er sich sagen, diese Akademie, die er immer in der gleichen Entfernung vor sich gesehen hatte, die also gleichsam als ein außerhalb der Zeit stehendes Etwas erscheinen mußte – im gleichen Rhythmus mit der Zeit bewegte es sich immer weiter fort – diese Akademie würde in Wirklichkeit gar nicht stattfinden und in Wirklichkeit würde gar nicht damit zu rechnen sein, Marianne dort zu treffen.

Daß aber die Zeit und die Akademie vor einander flohen, war auch am nächsten Morgen zu bemerken. Allerdings hatte sich mit einem Schlag die Sachlage verkehrt. Denn die Akademie in ihrer wässerigen Riesenhaftigkeit stand plötzlich draußen vor der Tür. Und als sie ein paar Augenblicke später eingetreten war, hatte die Zeit das Zimmer schon verlassen, war geflohen, so wie die Wirklichkeit vor einem Traum entflieht oder ein Traum vor einem anderen. Und man sah jetzt das Zimmer und die ganzen Tage, die dem Konzertabend vorgelagert waren, wie in einem kristallenen Gehäuse im leeren Raume schweben. Aber auch die Straße draußen war von den Wänden dieses Glaspalastes eingeschlossen. Denn als Renato zu einer Zeit, da die anderen in der

Schule waren, die Straße betrat, um in ungewohnter Weise in Fräulein Konrads Wohnung zu gehen – sie hatte gesagt, diese »außerordentliche« Stunde müsse bei ihr zu Hause abgehalten werden, da es ihr nur höchst mühsam gelungen war, sie zwischen zwei andere »hineinzuzwängen« –, als Renato also ins Freie trat, da sah er, wie die Passanten und die Straßenbahnwagen, die sonst mit solcher Sicherheit die Zeit durchfuhren, sich mit einem Mal in einem stundenlosen Raum bewegten. Denn die Akademie hatte die Stunden verdrängt.

Fräulein Konrad wohnte bei ihrem Vater. Renato stieg die Treppen hoch, trat in einen dunklen Vorraum und dann in ein helleres Zimmer. Beim Fenster stand das Klavier. Ein schwarzer Tisch mit einer leeren Marmorplatte und schwarze Möbel standen an der Wand. »Wir wissen, daß wir dürftig sind«, sagten die Möbel, »und wir sind stolz darauf.« Sie sagten es mit solcher Bestimmtheit, blähten sich so auf, daß man es nicht wagte, sie anzusehen.

Fräulein Konrad war ungewöhnlich liebenswürdig. Sie lobte Renato, sagte plötzlich, er spiele ausgezeichnet (sie sagte es, obwohl er selbst einen Unterschied gegenüber anderen Malen nicht bemerkte). Hatte er ein Stück zu Ende gespielt, dann nickte sie mit dem Kopf. Sie hatte nichts mehr auszusetzen, wußte kaum etwas zu sagen. Und wenn Renato aufblickte, in der Stille, die jetzt im Zimmer herrschte, dann fand er es plötzlich sehr traurig, sie anzusehen.

Den alten Herrn Konrad hatte Renato nie gesehen. Aber durch die Wand hindurch war er zu hören, wie er auf und ab ging und hustete. Renato mußte darum fürchten, er könne plötzlich wortlos durch die Türe treten, klein und vorgebeugt und schwarz gekleidet, mit einer roten Nase und mit triefenden Augen, um selbstsüchtig und unbekümmert, wie ein kleines Meeresuntier den Raum mit den Schrecken seiner neunzig Jahre zu erfüllen. Dann aber fiel es ihm mit einem Male ein, daß die Akademie sich eingenistet hatte und alle Gegenstände wanken ließ. Und er spürte, wie über die Angst, Herr Konrad könne das Zimmer betreten, eine neue Angst sich schob, viel größer in ihren Dimensionen und die kleinere wie eine flache Scheibe bedeckend. Es war die Angst, aus dem Kristallpalast der Akademie nicht mehr herauszukommen, die Zeit und gar nichts mehr wiederzufinden und auch Marianne nie mehr wieder zu erblicken.

Aber innerhalb dieses zeitlosen Raumes gab es dennoch ein Etwas, eine Art Kraft, die veranlaßte, daß ein anderes Etwas sich fortbewegte, ein stundenähnliches, ein tageähnliches, gleichsam eine neuartige Zeit. Gewiß war es nicht die Zeit selbst (da man sich ja auf dem Boden der Zeitlosigkeit befand), aber es war eine Kopie der Zeit, die sich bemerkbar machte und die bewirkte, daß eine Kopie des Nachmittags, der der Akademie voranging, sich in Renatos Zimmer stellte. Hätte man Renato bei dieser Gelegenheit gefragt, welchen Nachmittag, welches Datum es gäbe, dann hätte er gesagt: »Es gibt heute den Nachmittag des 25. Februar 1916« (das Datum der Akademie). Er hätte das allerdings gesagt, nur weil die anderen Menschen diese Antwort erwarteten. In Wahrheit, so hätte er gewußt, gab es gar kein Datum. Er hätte also falsch geantwortet. Und trotzdem sich nun dennoch ein 25. Februar vor ihm aufgepflanzt hatte, wäre seine Antwort nicht die richtige gewesen. Denn dieser 25. Februar, der auf dem schwankenden Boden der Zeitlosigkeit aus einem leichten Material gezimmert in jenem Dunste stand, der mit seinen winzigen Perlen im weißen Übergangslicht des Nachmittags die Zimmerluft durchdrang, dieser 25. Februar hatte nichts mit jenem festgefügten Tag zu tun, an den die anderen Menschen glaubten.

Fräulein Konrad hatte gesagt, Renato solle sich die Noten nicht ins Konzert mitnehmen, solle sich auch die Stücke nicht mehr ansehen, das mache einen nur nervös. Miß Florence war mit dem Küchenbuch beschäftigt. Sie addierte, allerdings nicht so, wie es die anderen Leute taten, sondern sie rechnete, indem sie mit großer Geschwindigkeit englische Zahlenreihen murmelte und dabei die Finger bewegte, als spiele sie eine Tonleiter in der Luft. Es war eine ungeschickte Art zu rechnen, das stand fest. Aber es war eine englische Art und es wäre nicht möglich gewesen, die Gewohnheit aus ihr herauszureißen, diese Gewohnheit, die offenbar ihrem Vater und ihren Geschwistern auch zu eigen war und die mit einem Male wieder zu erkennen gab, daß sie – was man immer gern vergaß – ein kleines Teilstück vom großen grünen England ganz unversehrt in ihrem Inneren über den Kanal gebracht, es unversehrt erhalten hatte, um es dann plötzlich einmal mitten in Renatos Zimmer in seiner ungeschickten Schönheit aufzudecken. Ein Stück von jenem England war es, das sich auch so ritterlich zeigte, gar nicht danach zu fragen, ob die Zahlen, mit denen Miß Florence sich beschäftigte (die Zahlen des Fleischers und des Bäckers, die unten auf der Straße ihre

Läden hatten), ob diese Zahlen es wert waren, in englischer Sprache genannt zu werden, das also in seiner grandiosen Lässigkeit diese Ziffern behandelte, als seien sie Ziffern aus der großen, weiten Welt, das vielleicht sogar in bewundernswerter Ahnungslosigkeit es überhaupt nicht wußte, daß es so unwürdige Ziffern gab wie diese hier, Ziffern ürigens, die gerade in ihrer Würdelosigkeit bewirkten, daß die dunkelblau und stählerne Schönheit der englischen Zahlen in dem Kontrast nur um so deutlicher erschien.

»Du könntest dich wirklich mit einem Buch beschäftigen, statt hier herumzustehen«, sagte Miß Florence. »Aber, Miß Florence«, meinte Renato, »ich hab' doch heut mein Konzert!« »Na, du, bilde dir nur nicht zu viel darauf ein«, sagte sie, »das kann doch bald einer, mit Stunden bei Fräulein Konrad und dann sogar noch mit Extrastunden. Wenn man das alles hat!«

Die Mama hatte sie beauftragt, sein Anziehen zu überwachen. Über dem steifen Kragen sollte ein dunkelblauer, weißpunktierter Schlips gebunden werden. Sie versuchte immer wieder und es ging nicht. Plötzlich fuhr sie auf: »Also, so halt doch endlich still, du bist ja heute zu gar nichts zu gebrauchen!«

Renato dachte an das bevorstehende Konzert und dachte daran, daß die Leute sagten, öffentlich zu spielen sei immer sehr aufregend. »Miß Florence«, sagte er darum, »ich werde mich von Ihnen nicht aufregen lassen.«

Das aber war für Miß Florence das Zeichen. »Wie?« schrie sie. »Aufregen? Aufregen? Das hab' ich noch nicht gehört. Dieser kleine raffinierte Bösewicht. Läßt sich von mir anziehen, läßt sich bedienen und macht mir dann noch Vorwürfe. Da sieht man, womit man es zu tun hat. So ein Bengel!«

Die Mama trat herein und nahm Renato zu sich ins Zimmer. Dort fand er einen Faden, den befestigte er an Mamas Kleiderkasten, an einem der Scharniere, zupfte dann daran, wobei er ihn einmal lose und einmal straffer hielt. So gab der Faden tiefe und höhere Töne her, so wie nach Professor Weinzierls Erklärung die Saiten eines Instrumentes je nach der Spannung verschiedene Töne klingen ließen. Plötzlich aber fiel es ihm ein, daß er sich eine Stelle aus dem Paderewski-Menuett noch ansehen müsse. Er hatte die Stelle ganz und gar vergessen. Da trat aber der Papa herein, im Mantel und mit einem schlohweißen Schal um den Hals. »Höchste Zeit«, sagte er, »wir kommen schon zu spät.« Es war nicht mehr möglich, das Menuett zur Hand zu nehmen. Und während sie dann im Wagen fuhren – die Eltern und Renato und Miß Florence, die beleidigt ihren Kopf zum Wagenfenster wandte – während dieser Fahrt dachte Renato, es sei alles verloren, da er nicht mehr Zeit gefunden hatte, sich das Menuett noch einmal anzusehen.

Freilich ging die Sache gut von statten. Und während er auf dem Podium saß, nicht auf einem Konzertpodium, sondern auf einer Bühne, deren Vorhang vor dem Zuschauerraum aufgezogen war, währenddessen hörte er, wie von ferne die gespielte Musik an seine Ohren kam und ohne sein Zutun ganz von selber ablief. Er dachte an Professor Weinzierl, der mit großer, weißer Hemdbrust dagestanden hatte und dessen Gesicht bei Begrüßung der Erwachsenen in derselben roten Feuchtigkeit aufgetaut war, wie an dem Tage, da die Eltern ihn empfangen hatten. Ja, es schien sogar noch um einen Grad weicher geworden zu sein, war nahe daran, vollkommen zu zerfließen, während er sich jetzt verbeugte, auch vor Fräulein Konrad, die es wieder nicht verhindern konnte, daß eine leichte Röte von ihrem Halse her in ihren Kopf und bis in ihre Schläfen stieg. Professor Piller, der hinter der Bühne auf und ab ging, hatte die Arme hinter dem Rücken verschränkt. Ganz als halte er hier Ganginspektion ab, rückte er ein Kulissenstück zur Seite, war bemüht, hier Ordnung zu halten, so wie er in der Schule dafür sorgte, daß kein Butterpapier am Boden lag. Professor Brischta kreuzte seinen Weg, ging auf Renato zu, blieb aber im letzten Augenblick in einer kleinen Entfernung vor ihm stehen, um mit dem Kopf zu zucken. »Na ja, Sie spielen ja heute«, sagte er und hätte gerne mehr geäußert, wäre ihm etwas eingefallen. Die Professoren bewegten sich, lagen der Länge nach geschichtet und schoben sich ineinander. Und Renato sagte sich: wie merkwürdig, jetzt sitze ich im Konzert und spiele und kann dabei nachdenken. Und über dem Boden, auf welchem sich das Spiel bewegte, sah er eine Etage, in der jene Gedanken sich bewegten. Und er sah auch, wie über dieser Etage eine zweite Etage sich erhob, bewohnt von dem Nachdenken über die Gedanken, und da er noch an dieses denken konnte, nämlich an das Denken über die Gedanken, war die dritte Etage im Augenblick schon da und so stieg es immer höher auf, bis plötzlich ein weicher Schreck in seine Brust gefahren kam. Er sah, daß er im Konzert saß und spielen sollte (die Stücke, die er mit Fräulein Konrad geübt hatte) und sah auch, daß es gar nicht sicher sei, ob durch die Bewegung seiner Finger wirklich gerade diese Stücke sich in der Luft kristallisierten. Aber in diesem Augenblick war das Schubert-Impromptu schon fast beendet.

Das Publikum applaudierte so heftig, daß Renato überrascht war. Das Spiel hatte ihnen offenbar gefallen. Das Spiel selbst allerdings wohl nicht. Es war richtig gewesen, wie Fräulein Konrad es verlangte, aber gerade so konnte es ihnen nicht gefallen. Und hätte es ihnen auch in dieser Richtigkeit gefallen können, so hätten sie es nicht in seiner Richtigkeit erkannt. Dagegen hatte sich aus unbestimmter Höhe offenbar ein kleines Wesen mit zerbrechlichen Flügeln eilig niedergelassen, hatte sich vor Renato an die Rampe gesetzt, zwischen ihn und das Publikum, und hatte unangekündigt, ohne daß Renato es verdiente und ohne irgendeinen Grund, alles auf seine Art geregelt.

Als sie dann nach dem zweiten Stücke applaudierten, konnte Renato unter den runden und schwankenden Köpfen ein Gesicht erkennen. Am linken Ende einer Sitzreihe saß Fritz, schlug in seine Hände und lachte, so daß seine Brillengläser zitterten. Er stellte sich dann auch als erster in den Weg. »Ausgezeichnet«, sagte er und drückte Renatos Hand sehr fest zusammen. Das war viel mehr als Renato erwartet hatte. Aber auch bei Fritz mußte es geschehen sein, daß zwischen Renatos Spiel und sein Ohr ein unbestimmtes Etwas sich geschoben hatte, etwas, das nicht in dem Spiel gelegen war, das Renato gar nicht herbeigeholt hatte, sondern das zufällig hinzugekommen war, um Fritz von den gespielten Stükken abzulenken. Wäre anzunehmen gewesen, daß Fritz genau zugehört hätte (mit einer Genauigkeit, die aber nicht einmal von Fritz zu erwarten war), dann wäre es nicht unmöglich erschienen, daß er das Spiel an sich gebilligt hätte. Aber das Spiel an sich war es nicht, das ihm gefallen hatte. Das fremde Etwas war dazu gekommen und hatte an sein Ohr geklungen. Es zeigt sich eben immer so: ohne ein kleines Maß schlechten Gewissens ist das große Glück nicht vorstellbar, ja fast scheint es, daß das Vorhandensein dieser leichten Gewissensmahnung uns die Vollendung des Glücks und des Erfolges erst erkennen läßt.

Später ging dann der Vorhang über der Theaterszene auf. Der Prinz Eugen kam in ein Wirtshaus und sprach Sätze, deren Sinn Renato nicht verstand. Marianne trug ein Kostüm mit schwarzem Mieder und mit riesenhaften weißen Ärmeln. »Das ist die kleine Gérard?« fragte die Mama, »na, die ist aber gar nicht hübsch.« Sie nahm ihr Opernglas. »Schau«, sagte sie zum Papa, »sie hat ja eine Hakennase, eine richtige Hakennase. Auch ihr Gang ist schlecht. Ich muß gestehn, ich bin enttäuscht. Ich hatte sie viel hübscher in Erinnerung, mit der Mutter läßt sich das ja gar nicht vergleichen.«

In der nächsten Pause kam ein Herr, um die Eltern zu begrüßen. »Ich gratuliere«, sagte er zu Renato, dann wandte er sich zur Mama. »Die Kleine war die Tochter von der Gérard«, sagte er. »Die Mutter ist eine interessante Frau.« Er klemmte sein Monokel etwas fester ins Auge und sah zu der Loge hinüber, in der Frau Gérard sich niedergelassen hatte, um hierher in den Theatersaal, wo die Eltern der anderen Schüler graubärtig, bezwickert und blöde nickend ihre Köpfe durcheinanderschoben, um mitten hier herein alle Hoheitszeichen ihres unsichtbaren kleinen Staats zu tragen.

»Na, geben Sie nur acht«, sagte die Mama zu dem Fremden, »Sie werden sich ja noch verschau'n, ich habe Angst um Ihre Tugend.«

Der andere aber lächelte. »Die muß einem doch wirklich gefallen. Übrigens hat sie ein ganz interessantes Leben. Vor kurzem, wie der Dichter Gerhart Hauptmann hier in der Stadt war, hat er bei ihr gegessen, und ich glaube, Richard Strauß hat auch bei ihr soupiert. Mit allen möglichen von diesen ›Berühmtheiten‹ steht sie in brieflichem Verkehr.« Er lachte dabei, hatte das Wort Berühmtheiten herausgehoben, als seien das fragwürdige Erscheinungen, mit denen ernste Menschen natürlich gar nicht in Berührung kamen.

Renato allerdings war durch die Mitteilung so wenig überrascht, wie wir es alle sind, wenn das Objekt unserer Wünsche in neuen und noch helleren Farben sich vor uns entschleiert. Wir glauben dann, unsere Neigungen gewissermaßen bestätigt zu sehen, wenn wir bemerken, wie ohne unsere Beteiligung die Welt, von der wir träumen, sich zusammenschließt, zu einer feindlichen Größe und zu noch schmerzlicherer Schönheit. So war Renato auch nicht sehr erstaunt, da er erfuhr, daß die großen Komponisten über den roten Treppenläufer das Gérardsche Haus betreten hatten, daß sie in den goldenen Fauteuils mit der ovalen Armlehne saßen, während Frau Gérard ihnen den schwarzen Kaffee servierte, daß Marianne vielleicht gerade von einem Mittagessen mit Gerhart Hauptmann aufgestanden war, wenn sie um drei Uhr in den Stadtpark kam, um zwischen den kahlen

Beeten und den schwarzen verästelten Bäumen schweigend vor sich hinzusehen.

Er selbst aber sollte in den nächsten Tagen das Gérardsche Haus noch einmal betreten, freilich in anderer Weise als er es erwartet hatte. »Ich muß heute nachmittag unbedingt mit Marianne zusammensein«, hatte Felix in der Schule gesagt, und hatte damit sogleich jede Diskussion über das Zwingende, das Schwerwiegende dieses Zusammenseins im Keim erstickt. »Aber weißt du, es ist gerade heute für Marianne sehr schwierig, von zu Hause loszukommen, deshalb hat sie gesagt, wir haben eine Nachfeier zur Akademie. Aber damit ihre Mutter nicht auf die Idee kommt, daß sie mit mir zusammen ist, haben wir uns gedacht, du könntest sie abholen. Das wäre furchtbar nett von dir.«

Als Renato dann vor der braunen Tür des Hauses stand, dachte er: jetzt ziehe ich an dieser Klingel. Jeder Zuschauer hätte gesehen, daß dieser Moment gekommen war. Allerdings wäre es dem Zuschauer entgangen, daß Renato gar nicht als ein normaler Besucher dieses Haus betrat (so wie er es die ganze Zeit hindurch gewünscht hatte), sondern mit verbotener, gewissermaßen intimer Absicht (also so, als habe er eine Etappe einfach übersprungen), als ein Betrüger an Frau Gérard und diesem ganzen Hause und letzten Endes also als ein Betrüger an Gerhart Hauptmann und an Richard Strauß. Die saßen vielleicht gerade oben bei Tisch und vor ihnen standen halbgeleerte Rotweingläser. Und würde Renato ins Zimmer geführt, dann würden sie schmunzeln und sagen: »Aha, das ist ein kleiner Freund des Hauses, er holt das nette Mädel zu einer Schulfeier ab.« Sie würden beifällig nicken und würden ihn obenhin ins Auge fassen, während in Wirklichkeit ihr Blick den Werken nachhinge, die sie schufen, der Musik, die wie die weißen Funken der Influenzmaschine in dem Wort Elektra knisterte und den Theaterstücken, welche Felix las, den Werken, die in der Distanz von großen hellen Wolken, fern von dieser kleinen Szene hier, am Horizont vorüberzogen. Aber käme einer herein und würde darauf aufmerksam machen: »Das ist nicht so einfach, von einer Schulfeier ist gar keine Rede«, dann würden sie stutzig werden, mit zwei Fingern die Tischplatte berühren und würden sagen: »Nein, so etwas! Das ist nicht schlecht. Bei solchen jungen Kindern! Von diesem Lausbuben und von der Kleinen hätte man das nicht gedacht.« Sie würden vielleicht sogar die Köpfe zusammenstecken und würden lachen und ihre Werke würden etwas näher rücken. Käme aber schließlich ein anderer, um zu verkünden, wie sich die Sache in Wirklichkeit verhielt, dann würden Strauß und Hauptmann plötzlich nichts mehr verstehen. Sie würden die Häupter schütteln und sagen: »Das sind ja Dummheiten, da kennt man sich nicht aus«, und gelangweilt würden sie sich gleich zur Seite wenden.

Renato zog an der Klingel. Ein Mädchen mit einem roten Rock trat in die Tür, offenbar jemand von den Hausbesorgersleuten. Im Hause war man jetzt nicht auf Besuch gefaßt. Aus dem oberen Stockwerk war zu hören, wie eine harte Bürste auf dem Boden scheuerte. Das Weib verstand nicht, was Renato wollte. »Josef«, schrie sie, »Josef, is jemand da!« Der Diener, mit einer Schürze bekleidet und mit aufgestülpten Hemdärmeln, kam die

Treppe heruntergesprungen. Er hörte Renato an, nickte schweigend, machte kehrt, um wieder über die Treppe hinaufzuspringen. Das rote Mädchen rief ihm nach: »Hast wieder die Leiter hier unten stehen lassen. Wenn die umfliegt und wieder was zusammenschmeißt, dann gibts was.«

Renato sah sich im Stiegenhause um, sah die weißen Wände, den Stein, der in der Trägheit dieser unoffiziellen Stunde zu erkennen gab, daß er gar nicht wußte, was für ein Haus es war, das er zusammenhielt, der zwischen ihm, Renato, und Frau Gérard gar keine Unterschiede machte, der sich ohne Überlegung zum Anblick, zum Betreten darbot, weil er sich einfach für gewöhnlichen Stein hielt, nicht unterschieden von dem Material der Nachbarhäuser. Auch die Dienstboten waren offenbar ahnungslos (der Diener hatte sich sehr beeilt, um Renatos Auftrag auszurichten), sie beurteilten dieses Haus hier nach dem Lohn, den man bezahlte, dem Essen, das man ihnen gab und in ihrem nächsten »Posten« würden sie auf die Frage, wo sie vorher im Dienst gewesen waren, ganz einfach sagen: »Bei der Frau Gérard« (sie würden aussprechen Scherart), und würden es mit jener Unbefangenheit sagen, mit der ein Fürstensohn, käme er als neu eingetretener Schüler in die erste Klasse, seinen Namen nennen würde, nicht ahnend, daß mit dem Klang dieses Namens die Reflexe von einem hellen Schloß, von einer waldreichen Landschaft, von alten Kriegen und von Meisterwerken der Malerei sogleich um seine Schläfen spielten.

Der Diener kam, lief aber noch einmal zur Treppe zurück. »Also, so komm doch, Mariandl«, rief er und klatschte mit den Händen. »Komm rasch, der junge Herr hier wartet.« »Ja, ja, ich komme schon«, ließ sich Marianne hören. Auf den Befehl des Dieners hin hatte sie sich so beeilt, daß sie noch im Kommen an ihren Handschuhen knöpfte.

An der Ecke wartete Felix. Dann gingen sie ein Stück Wegs zu dritt. Sie gingen die langweilige Straße hinunter, durch die Renato oftmals mit Miß Florence in der umgekehrten Richtung ging und die den häßlichen Namen »Bredauergasse« trug. Felix und Marianne lachten. Sie dachten nicht daran, daß sie durch die Bredauergasse gingen, deren brave graue Häuser in ihrer Breitspurigkeit mit einem Mal bedauernswert erschienen, weil Felix und Marianne sie nicht beachteten.

Marianne sah Renato von der Seite an: »Nehmen wir ihn doch mit«, sagte sie zu Felix. Felix aber schwieg. Dann war nur noch zu hören, wie die Schritte auf dem Pflaster klangen, bis zu dem Augenblick, da sich Renato von den beiden trennte.

Einige Tage später war es auch, daß jenes Ereignis sich begab, das in unserem Bericht wohl als die Hauptsache zu figurieren hätte, das aber schon damals soviel Unklarheit um sich verbreitete, daß es heute erst recht nicht möglich ist, die Tatsachen lückenlos wiederzugeben. Eines allerdings steht fest: Daß der fremde rotwangige Professor – man wußte von ihm nur, daß er Schulte hieß und in der Quarta und im Obergymnasium für eine Zeit die Geographie supplierte – daß er wütend die

Klasse betrat, daß er Felix und Marianne gezwungen hatte, ihm zu folgen, daß er Felix nach seinem Namen fragte und daß er dann die Eintragung ins Klassenbuch vollzog. Auch was er eintrug, weiß man ungefähr: »Bruchhagen treibt mit einer jungen Privatistin Ungehörigkeiten«, so muß es wohl gelautet haben. Alle hatten aber nicht Zeit gehabt, das nachzulesen, denn Professor Brischta kam, um als letzte Stunde des Vormittags die Lateinstunde abzuhalten, gleich nach dem Läuten in das Klassenzimmer. Übrigens wußte man auch nicht genau, wie man sich die Ungehörigkeiten vorzustellen habe. Woska behauptete, der fremde Professor habe die beiden aus dem Anstandsort hervorgezogen. Man glaubte das nicht ohne weiteres. Aber Woska blieb auch späterhin bei der Behauptung, sagte immer wieder, er habe alles mit seinen eigenen Augen gesehen.

Woska war es übrigens auch, der Renato im Augenblick, als dieser mit Professor Brischta aus dem Unterrichtszimmer ging (um ihm das Klassenbuch in der gewohnten Weise nachzutragen), Woska war es also, der ihm zuflüsterte, er solle die Seite mit der Eintragung herausreißen. »Der Ochs hat sowieso auf einer falschen Seite eingetragen«, sagte er. »Auf dieser Seite steht bis jetzt noch nichts, es wird niemand etwas bemerken.« Gewiß hätte das nicht befolgt sein können, wäre Professor Brischta nicht auf der Stiege von jener Dame angesprochen worden, die so oft nach ihren beiden Söhnen Erkundigungen einzog und die ihn so lange aufhielt, bis die Treppe sich geleert hatte und bis Renato spürte, wie seine Hand nach dem Blatt im Klassenbuche griff. Er war betroffen, als er bemerkte, wie das Blatt nachgab.

Aber er hatte nicht bemerkt, daß hinter ihm, langsam und lautlos, Professor Piller die Treppen heraufgestiegen war und erst als der Professor in seiner Höhe stand (im Augenblick, da er mit der Linken das Buch zuschlug und mit der Rechten das zerknitterte Blatt in seine Manteltasche steckte), erst in diesem Augenblick erkannte Renato, daß er ihn von der Seite ansah und daß in seinem Kopfe tief hinter den Pupillen die Kohlenstücke seiner Augen glimmten. »Ach, das ist ja der Martin«, sagte er ganz langsam. Dann sah er Renato noch einmal sehr lange schweigend an. Und mit Betonung eines jeden Wortes fuhr er fort: »Ich werde mit Ihnen zu reden haben, sehr ausführlich, wie es sich versteht. Heute nicht, aber morgen werden Sie sich bitte von selber bei mir melden.« Dann ließ er Renato stehen und mit ihm, von seinem großen schwarzen Rücken überdeckt, stiegen alle Möglichkeiten von außerordentlichem Konferenzbeschluß, von Relegierung aus dem Gymnasium, Ausschluß von sämtlichen Mittelschulen der Monarchie, langsam die Treppe auf.

Man wird sich fraglos denken können, was am Nachmittag geschah: daß nämlich Renato Miß Florence den Vorfall erzählte. Man wird es sich denken können, wenn man die außerordentlichen Umstände, die Aufregung, die drohende Gefahr bedenkt und wenn man das alles in Beziehung setzt zu jenem Bündel von Hoffnungen und Ängsten, die wir im Verlauf dieser Erzählung als den Charakter unseres Helden zusammenzufassen gelernt haben (so fragwürdig auch solche Zusammenfassungen erscheinen müssen und gar bei einem so fragwürdigen Knaben wie Renato). Man hat es sich also schon gedacht und – wer – weiß vielleicht hat sich schon jemand gefunden, der ihm auch dies verziehen hat. Wenn auch Felix und Marianne es ihm nicht verzeihen konnten.

Allerdings hatte die Mitteilung an Miß Florence – sie hatte sich mit keiner Erklärung zufriedengegeben, wollte alles wissen und brachte auch schließlich Woskas Annahme in Erfahrung – diese Mitteilung also hatte eine Folge, die Renato nicht vorausgeahnt. Miß Florence nämlich beschloß, im Augenblick zu Frau Gérard zu gehen. »Das ist ungeheuerlich«, sagte sie, »das kann man nicht mit ansehen«, und ohne die Mama abzuwarten, die den Nachmittag und Abend außer Haus verbrachte, machte sie sich auf den Weg.

So unerwartet nun diese Folge eintrat, so unerwartet aber kam es auch, was Professor Piller am nächsten Tage sagte, oder was er – genau genommen – zu sagen unterließ. Denn nachdem er Renato wieder sehr lange angesehen hatte, meinte er: »Ja, ich habe Sie zu mir gerufen, ich habe nämlich seit der Akademie nicht mit Ihnen gesprochen. Ich wollte Sie nur fragen, wer Sie auf dem Piano unterrichtet.« Und nachdem ihm Renato Fräulein Konrads Namen genannt, sagte er: »Das scheint ja eine tüchtige Meisterin zu sein«, stand auf und ließ erkennen, daß die Unterredung beendet sei.

Was nun Miß Florence mit Frau Gérard besprochen, wie sich das alles zugetragen hatte, ob dem Kopfe Frau Gérards ein Blitz entfahren war, so daß Miß Florence in ihrer Zudringlichkeit schamrot in sich zusammensinken mußte, oder ob Frau Gérard sich eilig der goldenen Mantille ihrer Künstlerfreundschaften entledigt hatte, um ihren Oberkörper vorzubeugen und zu sagen: »Reden Sie nur, es interessiert mich kolossal«, das alles war nicht zu erfahren. Miß Florence erzählte nichts von dem Besuch. Aber daß Marianne nicht mehr in die Schule kam und daß Felix nicht mehr mit Renato sprechen wollte, daß er den anderen sagte: »Mit einem so lächerlichen Säugling spricht man nicht«, das wäre ohne den Besuch wohl nicht geschehen. Es muß im übrigen gesagt sein, daß Felix unerbittlich blieb. Auch als der dicke Pick ihn zu erinnern suchte: »Er hat ja für dich die Klassenbuchseite herausgerissen«, auch da wollte er nichts von Renato hören. »Er ist trotzdem ein lächerlicher Säugling«, meinte er, worauf der dicke Pick (ohne zu verstehen, worum es ging), mit einem leichten Lachen sagte: »No ja, das ist natürlich klar.«

Was aber Marianne betrifft, so blieb es nicht nur dabei, daß sie jetzt nicht mehr in den Stadtpark und auch nicht mehr in die Schule kam, sie war auch aus der Stadt verschwunden. Ihre Mutter hatte sie nach Wien gebracht. »Sie ist ins Pensionat der Sacré coeur gekommen«, sagte die Mama und ließ mit diesem französischen Namen – Silben, deren dünner Glockenklang die Schwestern begleitete, wenn sie durch ihren Garten in die Abendmette gingen – mit diesem schönen Namen Sacré coeur ließ sie den dünnen goldenen Reifen glänzen, der sich um die Figur Mariannens jetzt unversehens geschwungen hatte.

Von jenem Vorfall mit der Klassenbuchseite hatte die Mama im übrigen nicht allzu viel Notiz genommen.

Denn es hatte sich gefügt, daß sie gerade in den fraglichen Tagen von einem Familienereignis sehr stark beansprucht worden war. Tante Melanie war nämlich gestorben. Sie war gestorben und war durch ihren Tod nachträglich zu einem Leben erwacht, dessen bloße Möglichkeit bis dahin niemals zur Diskussion gestanden hatte. Denn es setzten sich plötzlich aus verschiedener Richtung die Züge in Bewegung und um ihretwillen brachten sie die Verwandten am gleichen Ort zusammen. Man sprach von ihr, man führte dringende Telephongespräche und die Mama, in schwarzem Rock und schwarzer Bluse, legte während des Mittagessens ganz kurz ein Taschentuch an ihre Augen. Wie kam es nur, daß die Mama sich veranlaßt sah, mit einem Male über Tante Melanie zu weinen? Es mag natürlich sein, daß der Tod, aus seinen unsichtbaren Hinterwelten kommend, zugleich auch andere hinterweltliche Luftgebilde mit sich führt, so etwa das Leben, das die Menschen behaupten, vor unserer Geburt geführt zu haben und das von denselben fabulösen Gesetzen beherrscht erscheint wie das Leben jener vorsintflutlichen Tiere, die in Wirklichkeit wohl niemals existierten und deren riesenhafte Knochenstücke, durch Drähte miteinander verbunden, in den stillsten Sälen des Naturhistorischen Museums die Sinnbilder der Nutzlosigkeit und der Langeweile so großartig vor uns erstehen lassen. Es mag sein, daß der Tod gekommen war, um die Mama mit einem Leben zu umstellen, das mit ihrer wirklichen Existenz nicht durch die mindeste Gemeinsamkeit verbunden war, einem Leben, in welchem sie mit Tante Melanie in einem Garten saß und wo die beiden, trotz der Beschwerden, die der steife Blusenkragen machte, im schwärmerischen Geheimnis die dünnen, gelben Gesichter ganz nahe zueinander neigten. Vielleicht war nun ein solches Leben da und hatte mit der Erkenntnis: »Sie war dennoch meine Tante«, ganz plötzlich über die Mama Gewalt bekommen. Vielleicht aber war es auch so, daß der Tod, gleich einer mechanischen Alarmvorrichtung, durch einen kleinen Ruck ein weit verzweigtes Hebelwerk in Bewegung gesetzt hatte, ein Hebelwerk, das längst schon vorbereitet stand und aufgezogen war und das mit der Bestellung von Trauerkleidern, Partezetteln, mit der Entgegennahme von Kondolenzen und mit der Rührung über den Verlust nun seine komplizierte Arbeit leistete.

Für Renato wäre es gewiß erfreulich gewesen, hätte einer dieser beiden Mechanismen funktioniert. Dann hätte er in dem Bewußtsein, die Verstorbene sei gut aufgehoben, wahrscheinlich über den Todesfall nicht weiter nachgedacht. Wie im Theater, so hätten hier die Kulissen dieses Schaustücks seinen Blick verstellt. Aber da die Mama schon am Nachmittag erklärte: »Ich wollte gerade für ein paar Tage auf den Semmering fahren, diese Tante ist wirklich zu einer ungeschickten Zeit gestorben«, und da die Onkeln ihre Kriegswitze erzählten und auch über die verstorbene Tante Melanie ein wenig lachten, schien durch die schadhaften Stellen der Kulissen und durch die Lücken ihrer schlechten Postierung dennoch für Renato der Ausblick auf eine Hinterbühne freigelegt, eine Hinterbühne, die sich im Finsteren dehnte und deren Gegenwart ihm den Atem nahm, als er bemerkte, wie Tante Melanie in ihrem schwarzen Sarg allein in dieses Dunkel fuhr.

Daß Tante Melanie den anderen auch jetzt noch komisch vorkam, daran war sogar – so traurig es auch ist – ein Umstand ihres Todes schuld. Sie war vom Schlag gerührt worden, und zwar an einem Abend, da Doktor Valenta zum erstenmal seit zwanzig Jahren nicht bei ihr erschienen war. Ein und der andere von den Verwandten meinte, die Aufregung über eine mögliche Untreue habe sie getötet. Die ernsteren Familienmitglieder aber waren sich darüber im klaren, daß es ein Unsinn sei, so etwas zu behaupten, und so sahen es schließlich alle ein, daß man das Zusammentreffen der beiden Ereignisse als einen bloßen Zufall, allerdings als einen komischen, betrachten müsse.

Doktor Valenta selbst muß den Verlust sehr schwergenommen haben. Er wurde krank und als er nachher in den Stadtpark kam, bemerkte man, wie sehr er angegriffen war. Das Grüßen war ihm immer schwergefallen. Jetzt aber konnte er den Arm nur mit solcher Mühe heben, führte die Hand so langsam und so zitternd an den Hut und griff dabei so oft daneben, daß Renato beschloß, ihm die Anstrengung von nun ab zu ersparen. Traf er ihn jetzt, dann blickte er zur Seite und tat so, als habe er ihn gar nicht kommen sehen. Einige Jahre später erfuhr er allerdings, daß Doktor Valenta darüber furchtbar böse sei, daß er ihn den schauerlichsten Flegel nannte, der ihm in seinem ganzen Leben je begegnet war. Aber in diesem Augenblick wäre es schon schwierig gewesen, wieder mit dem Grüßen zu beginnen, und so geschah es, daß der Doktor starb, ohne daß die Sache zur Aufklärung gekommen wäre.

Von seinem Begräbnis (dem Renato beiwohnte, »in

Vertretung der Familie« und vielleicht auch, um durch diese Geste den Gruß summarisch nachzutragen), von diesem Begräbnis also muß noch eine Einzelheit berichtet werden. Renato, schon nicht mehr Gymnasiast, war verwundert, unter den Trauergästen Professor Piller zu bemerken. Am Friedhofsausgang kam dann der Professor auf ihn zu. »Das freut mich, Herr Martin«, sagte er, »Sie hier zu treffen und gar auf dem Begräbnis eines so ehrwürdigen Mannes. Sie werden sich vielleicht fragen, was mich hierher geführt hat. Darum darf ich Ihnen wohl verraten, daß ich seine Großmut genossen habe wie kein anderer. Während meiner ganzen Studienzeit hat er mich unterstützt und auch späterhin hat er mir seine Hilfe nicht versagt. Er war ein edler Mann. Ihnen übrigens war er auch sehr wohlgesinnt und hat zu jeder Zeit für Sie gesprochen. In den ersten Jahren aber ganz besonders. « Renato war daran, sich zu empfehlen, aber da er die Hand zurückziehen wollte, spürte er, wie der Professor sie in der seinigen behielt. Er schien sehr angestrengt zu überlegen. Schließlich ließ er die Hand Renatos los. »Wir sind ja heute Männer unter uns«, meinte er. »Ich glaube, ich muß es Ihnen sagen. Sie haben einmal nämlich – ich glaube, Sie waren in der Tertia – also da haben Sie ein gewaltiges Stückchen aufgeführt, mit einer Klassenbuchseite, Sie werden sich schon selbst erinnern. Ich habe es damals zufällig mit angesehen. Von der Eintragung hatte ich übrigens schon gewußt. Der Kollege hatte mir, als dem Klassenvorstand, schon die Mitteilung gemacht. Ich wußte also, daß Sie es nicht aus Eigennutz getan hatten. Aber trotzdem waren Sie derjenige, der die ärgste Strafe zu erwarten hatte, vielleicht sogar

Ausschluß aus dem Gymnasium. Denken Sie nur, was das bedeutet hätte, für Sie und für Ihre Eltern. Aber ehe ich etwas unternehmen wollte, dachte ich mir, ich muß mich mit ihm beraten, und bin am Nachmittag zu ihm gegangen, zu unserem gemeinsamen Protektor. Er hat mir gleich gesagt, ich soll das Ganze ignorieren. Aber das schien mir zunächst ein ungeheuerlicher Vorschlag. Ich muß gestehen, es war mein erster Streit mit ihm. Er hat mir gesagt, daß Sie ein guter Junge sind und hat auch davon gesprochen, daß Ihre Mutter leidend ist. Er hat mit erstaunlichem Weitblick die Lage übersehen, er hat gemeint, es könne gar nichts auffallen, da ja der Kollege, der die Eintragung gemacht hatte, bei uns nur aushilfsweise beschäftigt war und die Anstalt noch vor der Konferenz verlassen würde. Das alles konnte mich nicht überzeugen und auch als ich wegging, war ich nicht umgestimmt. Aber am Abend ist er dann plötzlich zu mir in die Wohnung gekommen. Das Stiegensteigen ist ihm schon damals furchtbar schwergefallen. Er hat gesagt, er kommt, um noch einmal für Sie zu bitten und hat mich darauf aufmerksam gemacht, daß er es deshalb zum erstenmal seit zwanzig Jahren unterlassen hat, in einem befreundeten Haus einen Besuch zu machen. Ich erinnere mich noch genau, wie er das gesagt hat. ›Dort haben sie für mich einen Lift eingebaut‹, hat er gesagt, ›und ich komme zu Ihnen in den dritten Stock, obwohl Sie keinen Lift im Hause haben.‹ Da habe ich mir gedacht, ich laß die Sache gehen. Aber die beiden anderen, Ihr Freund, der Bruchhagen, und dieses Mädel, ich weiß nicht mehr, wie es hieß, die haben natürlich auch ihren Vorteil davon gehabt.« –

Aber mit diesem Gespräch haben wir schon um einen langen Zeitraum vorgegriffen. Denn es wäre noch danach zu fragen, was Renato in der Zeit getan hat, die auf die Akademie und auf das Ereignis mit dem Klassenbuche folgte. Was nun die Akademie betrifft, so ist zu sagen, daß Professor Weinzierl mit einem Orden ausgezeichnet wurde. Man gratulierte ihm, dann aber wurde von dem Abend und auch von Renatos Spiel nicht mehr gesprochen. Nur einmal kam man noch darauf zurück. Die Mama hatte nämlich ein merkwürdiges Gerücht gehört. »Zwischen dem Professor Weinzierl«, sagte sie, »und dem Fräulein Konrad – die beiden haben sich ja bei uns kennengelernt – da soll sich etwas Komisches ausgesponnen haben. Es heißt sogar, sie hat sich eingeredet, daß er sie heiraten will. Aber er hat natürlich nie daran gedacht.«

Wenn Fräulein Konrad jetzt zur Stunde kam, dann sah Renato sie oftmals von der Seite an. Er bemerkte, wie ihr dunkelrotes Stoffkleid sich gelegentlich, bei einem ihrer tiefen Atemzüge, hob und senkte. Dann dachte er: »Aha, sie möchte von Professor Weinzierl geheiratet werden.« Und es fiel ihm nicht schwer, sich vorzustellen, wie der Professor mit rascher Bewegung und mit fliegendem Spitzbart sich anschickte, sie zu umarmen.

Im übrigen verbrachte Renato den Nachmittag zumeist allein. Daß Felix kommen würde, war nicht zu erwarten. Dagegen kam jetzt hin und wieder der dünne Pick, ihn zu besuchen. Er kam und ehe er eintrat, schickte er in verschlossenem Briefumschlag seine Visitkarte ins Zimmer. Die Mama und Miß Florence lachten darüber und Renato lachte mit. Dann spielte er dem dünnen

Pick aus »Freischütz« vor und erklärte ihm, was in der Oper vorging, ungefähr wie Felix das erklärte. Der dünne Pick schien hingerissen. Aber wenn er um sieben Uhr schon fortgehen mußte, dann hielt ihn Renato nicht zurück.

Jetzt war auch niemand anderer dabei, wenn Renato mit Miß Florence durch den Stadtpark ging. Miß Florence hatte einen neuen kleinen Weg entdeckt, der neben der Mittelallee an ein paar Birkenstämmen vorüberführte. »Schau«, sagte sie, »die Krokusse kommen schon.« Sie denkt, daß man sich darüber freuen muß, meinte Renato bei sich selbst. Sie denkt es, so wie es im deutschen Lesebuch geschrieben steht. Die Menschen wissen nicht, was es Schönes gibt. Vielleicht, so meinte er, hat jemand einmal gesagt, daß der Frühling etwas Schönes ist, und seither sprechen sie es nach und schreiben es in den Büchern. Und er blickte zu Miß Florence auf, die wahrscheinlich an den Frühling dachte.

Anhang: Drei Rezensionen

Klaus Mann

Es ist beinah ebenso schön, einen neuen Dichter zu finden, wie einen neuen Freund: in dem Buch, an dem wir ihn erkennen und kennen lernen, entdecken wir fast ebenso viele überraschende, rührende, fremdartig-vertraute Züge, wie in dem neuen Menschengesicht, dessen Blick, Mund und Stirn uns gewinnen. - Ich bin entzückt von dem Buch eines jungen prager Autors, dessen Namen mir noch bis vor kurzem unbekannt war. Der Autor heisst Hermann Grab, sein erstes Buch ist betitelt »Der Stadtpark«. Es handelt von der schwierigen und etwas melancholischen Kindheit eines Jungen aus reichem Hause – Renato –, von dem der Schlittschuhmeister sagt, er gehöre zu diesen verzogenen Kindern, die nie wissen, warum sie weinen sollen; während der Gymnasialprofessor meint, er habe sich seine Eltern gut ausgesucht.

Der Knabe mit den wohlsituierten Eltern ist sehr empfindlich: er muss weinen über viele Dinge – darüber, zum Beispiel, daß ein neues Jahr beginnt –; viele Dinge erschrecken ihn, viele rühren ihn. Eine Lichtstimmung kann ihn erschüttern; der Gesichtsausdruck seiner armen englischen Gouvernante, die Wohnung seiner Klavierlehrerin kann ihm das Elend der Welt so nahe bringen, dass sein junges und zartes Herz zusammenfährt. – Ganz fern, im Hintergrund dieser empfindsamen Kindheit, irgendwo gibt es den Krieg; aber er ist kaum Realität, fast nur Legende, und die Schatten, die er wirft auf diese Knabentage, sind weniger finster, als andre, die wir sonst auf ihnen lasten sehen.

Die Zeit ist ernst – höre ich sagen –, sie ist sogar grauenhaft: was gehen die kleinen Schmerzen eines schmalen und wehleidigen Buben aus gutem Hause uns an? Gewiss: sie gingen uns gar nichts an – wenn nicht an ihrer Schilderung ein neues und, wie mir scheint sehr wertvolles Talent sich rührend und reizend bewährte. Das Abseitige und Prätentiöse der Thematik beginnt ernervierend zu werden nur in den Momenten, in denen das sprachliche und psychologische Niveau der Erzählung sich um ein Weniges senkt: sowie ein Bild schief oder matt, ein Vergleich künstlich herangeholt, nicht überzeugend wirkt. Das hat dann den Effekt einer Entzauberung. Sofort fragen wir uns: Was soll uns die schüchterne Liebe des verwöhnten kleinen Renato zu der weniger schüchternen kleinen Marianne, die ihrerseits den von Renato bewunderten Schulfreund, den vitaleren Felix vorzieht? – Aber fast durchweg ist die Arbeit von einer Dichtigkeit und Präzision, die ich sehr bewundre. Das psychologische Detail, die kleine Beobachtung hat jene Exaktheit, jene hellhörige Treffsicherheit, die merkwürdigerweise – gerade weil sie eigene sinnlich-seelische Erfahrungen unvermutet durchs Wort wiedergibt – stark *überrascht*, ja, fast etwas wehe tut. Neu und glücklich gefundene Wortbilder, welche die Erinnerung an bestimmte Gefühlszustände mit der Kraft einer magischen Formel beschwören, haben beim empfänglichen Leser einen kleinen Schauer zur Folge, der aus Entzücken und Entsetzen gemischt ist. Diese kostbaren Schauer – mit denen die Lektüre der Romane von Proust uns beinah quälend reichlich beschenkt – erfährt man zuweilen aus dem melancholisch zärtlichen Buch von Hermann Grab.

Er hat viel bei Proust gelernt – eine edle Schule, nur wenige von uns jungen Deutschen sind durch sie gegangen. Proust hat – so wie ein Wissenschaftler eine neue Methode der chemischen Analyse entdeckt – die Technik erfunden, mittels derer eine neue Sensibilität, eine neue Erfahrenheit in den kleinsten und schwierigsten Dingen sich ausdrücken kann.

Grab besitzt diese Technik, samt dem wohlbehüteten Erfahrungsschatz seelisch-sinnlicher Impressionen. Er darf es sich also leisten, nur ein Minimum an Handlung zu geben; (obwohl dieselbe Technik, wie Proust beweist, sich natürlich auch an einem grossen, gesellschaftskritischen Stoff anwenden lässt.) Grab hat als Stoff nicht mehr als die Spaziergänge im Stadtpark, den infantil-melancholischen Flirt; eine Fechtstunde, eine Kindergesellschaft, ein Schülerkonzert. Erst am Schluss wird die Handlung durch einige, mehr ironisch angebrachte Verwicklungen und kleine Schicksalsfügungen etwas pointiert. Durch eine sanfte, halb scherzhaft betonte Gewaltsamkeit wird am Ende aus der Studie ein kleiner Roman.

Ich bewundre ihn nicht nur wegen der Virtuosität seines Stils; ich liebe ihn auch für die Innigkeit seines Gefühls. Der junge Held, Renato, sieht sowohl mitleidig als spöttisch, ängstlich und zärtlich auf die Dinge und Menschengesichter, die ihn umgeben; ja, es ist so viel Zärtlichkeit und Sammlung in seinem Blick, dass wir unsererseits ergriffen auf Renato schauen, diesen schüchternen und spröden Infanten. Wir fragen uns, wie er dem Leben standhalten wird. Aber wenn er dieselben Gaben besitzt, wie sein Autor – der sein reiferer Bruder ist –: die Gabe der Klugheit neben der eines empfänglichen und edlen Herzens – wenn er derart ausgestattet einem Leben gegenübertritt, das hart sein könnte, dann wird er es meistern.

(In: *Die Sammlung*, 2. Jg., 7. Heft, Amsterdam 1935)

Heinz Politzer

Der Erstling Hermann Grabs, »Der Stadtpark«, ist eine vollendete Dichtung, deren Merkmal sich eben in ihrer Dichte findet, in jenem unaufhaltsamen und dabei mühelosen Aufeinanderfolgen von Wort und Wort, Bild und Bild, Gedanke und Gefühl, das Vorstellung erregt und dauern läßt, es könne gar nicht anders sein. Die Meister der Epoche, Proust, Kafka, Thomas Mann, sind hier Pate gestanden, ihre Fortschritte schreitet Grab weiter, um in sein eigenes Bereich zu finden. Diese Eigenheit tut sich in einem Tonfall kund, der Märchen und Psychologie in eines rafft, erscheint in einem Silberlicht, das bald heimlich, bald geisterhaft, durch die Silben seines Vortrags dringt, die Schrecknisse und Wunschträume des Knaben Renato zu verklären und auszudeuten. Es geschieht wenig in diesem Buch: Schule, Kindheit, ein bescheidener Skandal, Klavierstunde, ein mißlungenes Fest, Erwachen des Herzens und Flucht vor dem ersten Gefühl; alles eher ausgespart und verschwiegen, als voll gestaltet. Es ist eine zeichnerische Technik, wie die Asiaten sie meistern, durch das unbeschriebene Weiß der Fläche Umriß und Bewegung, Stimmung und Schwung treu festzuhalten.

Weit mehr als eine Fabel wird in dem Buch erzählt: über das kleine Parkett dieser Kindheit wechseln die Schatten der Erwachsenen und mit ihnen fällt die Not eines absterbenden Geschlechts und einer neuen Zeit, die sich im Weltkrieg eben erst ankündet, in das Blickfeld des Knaben. Obgleich dies alles noch mit Renatos kindlichen Nerven gespürt, mit seinen bangen und darum schärferen Augen in sachten Karikaturen gesehen ist, hat dies Buch das Zeug in sich, Herzstück der Prager Buddenbrooks zu werden, die Historie vom Verfall eines Patriziats, das an den stets herbstlichen Bäumen des Prager Stadtparks die Größe und die Fäulnis des gemeineuropäischen Bürgertums so bedeutsam und hybrid wie selten wo vollendet hat.

(In: *Silberboot. Almanach auf das Jahr 1946*, herausgegeben von Ernst Schönwiese, Salzburg)

Carl Seelig

Die hauchzarte Seele des Kindes: hier flügelt sie schwermütig durch ein Buch, das unverkennbar ein junges Talent geschrieben hat. Es erzählt die Liebe eines Gymnasiasten zu einem gleichaltrigen Mädchen, das seiner stillen und reinen Verehrung die Werbung eines grobschlächtigen Kameraden vorzieht. Diese kleine Tragödie wird nicht durch äußere Vorgänge motorisiert. Sie erhält ihren Antrieb durch die innere Bewegung und Umgestaltung, die sich im leidenden Knaben vollzieht. Es ist eine Seelengeschichte von bezauberndem Adel und Empfindungsreichtum, vollkommen unpathetisch und ungeschwätzig, benetzt von den ersten Tautropfen einer Melancholie, die schon in die Hinterhöfe des Lebens und in die dunkeln Brunnenschächte der menschlichen Leidenschaften gesehen hat. Hier komponiert ein Dichtermusiker das Largo seiner Jugend – einer sehr bürgerlichen, von Geldsorgen ungetrübten Jugend, in der Krieg, Liebe, elterlicher Zwiespalt, Lehrerschrullen und Kindergrausamkeit ihr Lied trommeln.

Denn obwohl Hermann Grabs Roman »Der Stadtpark« gering an Umfang und an wuchtigen Worten ist, besitzt er doch die Gabe, die bedrückende Zeit um 1916, die besondere Atmosphäre von Prag und seiner Bourgeoisie korrekt und in den verschiedensten Beleuchtungen zu zeigen. Die Netzhaut-Sensibilität dieses Autors, der nicht zufällig die gleiche Luft wie Franz Kafka schluckt, ist erstaunlich – erstaunlich wie seine Kraft, seelische Prozesse plastisch darzustellen.

Hermann Grab liebt die Darstellung des Schrulligen, aber er überkultiviert sie nicht. Er verrät auch psychoanalytische Schulung, ohne damit zu kokettieren. Er zeigt, wie das Leben der Kinder fremd am Leben der Erwachsenen vorbeitreibt und durch ihre Betriebsamkeit in seiner seiner natürlichen Ordnung gestört wird. Er belächelt ihre Hyperklugheit mit dem schmerzlichen, leicht ironischen Lächeln des Dichters, dem das geheimnisvolle Weben des Schicksals heilig ist. Sein Buch besteht aus einer Reihe von Momentaufnahmen, »die unser Geist vielleicht recht wahllos produziert, deren Aneinanderreihung aber das Album ergibt, das wir gelegentlich durchblättern und das wir für unser Leben halten.«

(In: *Neue Zürcher Zeitung*, Nr. 779, 5. Mai 1955)

Hermann Grab
HOCHZEIT IN BROOKLYN

Sieben Erzählungen
ISBN 3-8015-0284-8

Der Prager Dichter Hermann Grab (1903-1949) hinterließ bei seinem Tod ein denkbar knappes schriftstellerisches Werk: einen Roman und eine Handvoll Erzählungen. Gleichwohl bescheinigen ihm Freunde und Bewunderer wie Hermann Broch, Theodor W. Adorno oder Klaus Mann, in würdiger Tradition eines Franz Kafka, Thomas Mann und Marcel Proust zu schreiben. Hermann Grab: ein frühverstorbener und frühvollendeter und, durch Hitlerdeutschland, schnellvergessener Dichter.

Zwei Themen bestimmten das literarische Schaffen Hermann Grabs: das großbürgerliche Milieu im Prag der untergehenden k.u.k. Monarchie und das Aufkommen des Faschismus, Flucht und Exil.

Das Weltanschauliche war seine Sache nicht. Nicht das Symbolische, sondern die Impression, das Angeschaute, das Atmosphärische war das Eigentliche von Grabs Kunst. Genaueste Beobachtung und ein »wohlbehüteter Erfahrungsschatz seelisch-sinnlicher Impressionen« (Klaus Mann) machen in ihrer Dichte Hermann Grabs Erzählungen zu kleinen Meisterwerken lyrischer Prosa.

Milena Jesenská

ALLES IST LEBEN

Feuilletons und Reportagen 1919-1939

Aus dem Tschechischen
von Reinhard Fischer u.a.
ISBN 3-8015-0192-2

Der Band versammelt eine Auswahl aus dem journalistischen Schaffen von Milena Jesenská (1896-1944). In den frühen Feuilletons spürt man ihren Sinn für Schönheit und den subtilen Blick für die Vielfalt des Lebens. In den späteren Reportagen erweist sie sich als sensible Kommentatorin der herannahenden europäischen Katastrophe. Darüber hinaus erzählen die Texte vom reichen und stürmischen Leben der Autorin im Wien und Prag der Zwischenkriegszeit.

»Die Herausgeberin … gibt uns so zum ersten Male wirklich Gelegenheit, Milena Jesenská als Intellektuelle im Kontext ihrer Epoche und als selbstdenkende Frau enormer Widersprüchlichkeit zu begreifen, immer gedrängt von ihrem Trieb nach sinnvoller Tätigkeit und nach einem einfachen Glück.«

Peter Demetz

»Ein Buch, das man seinen Freunden schenken und mit lauter Stimme auf den Straßen rühmen möchte, von dem man wünscht, es in der Metro in den Händen Fremder zu sehen, die einem dadurch nah und vertraut werden, selbst im größten Gedränge …«

Jorge Semprun

Verlag Neue Kritik • Kettenhofweg 53 • 60325 Frankfurt